AF381202

Maria Malte

Unser langer Weg

Bibliografische Information der Deutschen Nationalbibliothek: Die Deutsche Nationalbibliothek verzeichnet diese Publikation in der Deutschen Nationalbibliografie; detaillierte bibliografische Daten sind im Internet über dnb.dnb.de abrufbar.

Titelbild: Pixabay/williwonka

Herstellung und Verlag: BoD – Books on Demand, Norderstedt
ISBN: 978-3-7528-7391-7

Das ist die wahre Geschichte meines ehemaligen Pflegekindes. Ich habe aufgeschrieben, was sie/wir erleben mussten, wie sie aus der Pflegefamilie gerissen wurde, über die Macht und Willkür der Ämter. Über unglaubliche Maßnahmen einer Klinik für psychisch kranke Kinder. Über die Gesetze, die sagen, dass Elternrechte über allen Rechten stehen, obwohl es nicht gut für das Kind ist.

Es war ein langer Leidensweg, den wir hinter uns haben.

Vorwort

Das, was ich hier aufgeschrieben habe, waren neben dem Tod meines Mannes meine schlimmsten Erlebnisse. Ich kann die Welt nicht verstehen, was es für Ungerechtigkeiten gibt, vor allem dem Kind gegenüber. Unser Rechtsstaat ist unglaublich, es wird sich nur nach Paragrafen und Regeln gehalten, ob es gut ist oder nicht. Wenn ich die Kraft gehabt hätte, wäre ich gegen die Klinik juristisch vorgegangen. Es wurde mir dazu geraten, aber ich glaube, dagegen wäre ich nicht angekommen. Von vielen Menschen wurde ich enttäuscht, wurde im Stich gelassen. Dadurch habe ich mich nicht beirren lassen. Als nach langer Zeit meine Schockstarre nachließ, bekam ich eine Wut, weil es so ungerecht ist. Im Nachhinein kann ich es kaum fassen, dass ich solche Angst hatte. Aber mir wurde immer wieder gesagt, wenn Sie dies und das nicht tun, dürfen sie das Kind nicht mehr sehen. Viele Drohungen, die mich einschüchtern sollten, folgten. Bis ich erkannte, dass das nicht geht und rechtens ist, hat es leider gedauert, aber trotzdem bin ich froh, dass ich es am Ende gewagt habe, mich zu widersetzen.

Jetzt habe ich alles aufgeschrieben, um es von der Seele zu haben, aber auch, um Menschen, die Ähnliches erleben, zu stärken. Und auch, um anderen, die vielleicht vorhaben, ein Pflegekind aufzunehmen, klarzumachen, dass es nicht immer leicht sein wird. Ich habe, um uns zu schützen, alle Namen geändert, auch den Namen der Klinik nicht erwähnt und auch die Orte nicht, wo wir leben. Viele empfinden das, was ich erzähle, wahrscheinlich als nicht so schlimm, aber wenn man selbst drinsteckt, ist es die Hölle. Da es mir nicht gut geht damit, dachte ich, ich schreibe alles auf, vielleicht hilft es mir etwas. Die letzten Monate laufen noch immer wie ein Film in mir ab. Ich denke manchmal, das habe ich nur geträumt, dann holt mich die Realität wieder ein und ich merke, dass es real IST. In den letzten Monaten habe ich viele Erfahrungen gemacht, habe Menschen kennengelernt, bin von vielen Menschen enttäuscht worden, von denen ich es nie erwartet hätte, es gibt wenige, die mich verstanden haben. Manche haben abgewunken, sagten, lass es doch gut sein, das geht dich nichts mehr an, du hast dein Bestes gegeben. Wer mich aber kennt, weiß, dass ich keine Ruhe gebe, wenn es ungerecht und falsch läuft. Ich habe gelernt, dass man sehr vorsichtig sein muss, wem man vertraut, habe gelernt, dass manche nur aktiv sind, solange sie dafür zuständig sind, danach wird man einfach abgeschoben und niemand fragt mehr nach einem. Ich merke selbst, wie ich empfindlich geworden bin, reagiere oft heftiger, als ich es möchte. Genau wie das Kind habe ich ein Trauma erlitten. Das möchte ich gerne aufarbeiten, denn ich habe noch eine Pflegetochter bei mir, für die ich stark sein möchte.

Maria Malte

1

Im Oktober 2013 kam Klara zu uns. Ich sehe sie noch vor mir, wie sie ausgesehen hat, was sie anhatte, und was sie sagte. Ihr erster Satz war: „Schau mal, ich habe mich extra für euch chic gemacht." Sie war ein kleines Pummelchen. Eigentlich hat sie sich gleich wohlgefühlt, denn sie kannte Luisa, unsere andere Pflegetochter, schon lange vom Kindergarten, und vorher waren sie zusammen bei einem Tagespflege-Paar. Klara war vier Jahre alt, als sie zu uns kam. Bei ihr wurden viele Dinge diagnostiziert, unter anderem auch emotionale Bindungsstörung mit Enthemmung. Die ersten Wochen waren recht entspannt und ruhig, ich dachte schon, was die alle haben, das ist doch ein völlig normales Kind. Nach der Eingewöhnungsphase lernten wir dann auch die „andere" Klara kennen. Sie konnte so wütend werden, konnte schreien bis zum Erbrechen, sie machte viel kaputt, war aggressiv, besonders Luisa gegenüber, sie hat sie gebissen, geschlagen, getreten. Auch diese anstrengende Phase ging vorüber. Nachdem die beiden Mädels die Rangordnung geklärt hatten, lief es relativ gut.

Sie war es nicht gewohnt, raus zu gehen, konnte schlecht laufen, fiel oft hin. In der Herkunftsfamilie wurde sie wie ein Kleinkind gehalten, was in gewisser Weise auch nachvollziehbar ist, denn sie war wirklich viel zu klein für ihr Alter. Wir haben viel geübt, sind viel gelaufen, viel auf Mauern balanciert. Recht schnell hat sie viel aufgeholt. Im Kindergarten war sie mal mehr, mal weniger auffällig, je nach Tagesform. Besonders schlimm war es nach den Besuchskontakten mit der Mutter. Der Vater war immer zweitrangig, von ihm wollte sie nicht viel wissen. Im Dezember 2013 gab es wieder eine Rückführung zur Mutter. Am 1. Weihnachtsfeiertag brachte mein Mann sie wieder zur Mutter zurück, weil Klara Heiligabend noch gerne bei uns sein wollte. Schon am 2.1.2014 bekamen wir einen Anruf vom Jugendamt. Sie fragten, ob wir Klara wieder aufnehmen würden, sie würde gleich in Obhut genommen werden. Wir wollten gerade mit Luisa zu Freunden fahren für mehrere Tage. Klara tat mir so sehr leid, es waren nur sechs Tage, die sie bei ihrer Mutter verbracht hatte. Ich habe bei den Freunden angerufen und habe gefragt, ob wir auch mit zwei Kindern kommen dürfen, und dann haben wir auf sie gewartet. Sie hat sich so gefreut, als sie wiederkam, sie sagte, sie wollte das so, sie wollte wieder zu uns. Es hat längere Zeit gedauert, bis sie auf die Aktion der Inobhutnahme reagiert hat. Klara hat für ihr Alter einen wahnsinnig großen Wortschatz, sie redet wie eine Große. Allerdings ist es bei ihr so, dass sie eine rege Fantasie hat, man wusste nie genau, was stimmte und was nicht.

Ihren 5. Geburtstag im Februar feierten wir groß. Morgens sind wir an den Geburtstagstisch. Sie wusste gar nicht, was sie machen soll und war total aus dem Häuschen, als wir sagten, dass sie die Geschenke aufmachen dürfe. Sie hat so gestrahlt und es war eine Freude, den Tag mit ihr zu verbringen. Auch Ostern mit den Osternestchen kannte sie nicht. Im April 2014 wurde mein Mann krank. Er musste ins Krankenhaus und dort bekamen wir gesagt, dass er Krebs hat. Das war sehr schrecklich und ich habe versucht, es den Kindern kindgerecht zu erklären, damit sie verstehen, warum mein Mann sich verändert, nicht nur vom Aussehen her, sondern auch sein Wesen durch die Medikamente. Da Klara von daheim gewohnt war, jemanden zu versorgen, wollte sie gleich loslegen. Sie hat oft die Erwachsenenrolle übernommen und ich musste sie oft daran erinnern, dass ich die Erwachsene bin und sie das Kind. Sie hat Salben gemacht aus Blüten, Gräsern und Wasser, hat meinen Mann damit eingerieben und hat ihm gesagt, damit wird er wieder gesund. Sie war sehr besorgt um ihn. Im Kindergarten lief es mal so, mal so, sie hat viele Sachen verweigert und ich musste öfter zu Gesprächen kommen. Nach den Sommerferien wurde sie ein Vorschulkind. Es wurde viel unternommen und auch da war es so, wenn sie etwas nicht wollte, dann wollte sie nicht. Wenn Ihr Ausflüge nicht gefielen, blieb sie im Kindergarten in einer Gruppe, sie war dann nicht zu bewegen. Sie ist eine sehr starke Persönlichkeit. Sie war auch lange bei der Ergotherapie wegen ihrer Unruhe, sie hatte Konzentrationsstörungen und in der Gruppe kam sie auch nicht gut zurecht. Wenn sie der Bestimmer war, war alles gut, aber wehe, die anderen wollten nicht wie sie, dann ging es laut zu. Es gab aber viele schöne Momente mit ihr und sie hat gute Fortschritte gemacht. Zu mir fasste sie langsam Vertrauen. Für sie war es schwierig, Nähe zuzulassen, aber so langsam kam sie auf mich zu. Bei meinem Mann und unserem inzwischen erwachsenen Pflegesohn war sie zurückhaltender. Im Sommer 2015 waren wir wieder im Urlaub, auch das war schön und die Mädels verstanden sich recht gut. Wie bei Geschwistern, zuerst Streit, danach Versöhnung. Auch Weihnachten und Silvester habe ich in guter Erinnerung in diesem zweiten Jahr, das Klara bei uns war. Mit Luisa hat sie viele Rollenspiele gespielt, es war interessant. Oft spielten sie, sie seien zwei arme Mädchen, die kein Zuhause haben, dann kamen sie zu mir und fragten, ob sie bei mir bleiben dürfen, denn sonst müssten sie ins Heim, das wollten sie nicht. Ich habe dann immer gesagt, natürlich nehme ich euch Mäuse zu mir und dann musste ich ihnen immer das Haus zeigen, ihre Zimmer, sie sagten immer, ja, hier wollen wir bleiben. Wenn mein Mann kam, musste ich ihm immer sagen, schau mal, was für zwei süße Mädels heute angefragt haben, ob sie bei uns bleiben dürfen und auch mein Mann musste dann sagen, ihr dürft sehr gerne bei uns wohnen. Immer habe ich gesagt, nein, auf keinen Fall möchte ich, dass ihr in ein Heim geht, bleibt bei uns. Und dann passiert so etwas ...

Meinem Mann ging es mal mehr, mal weniger gut. Da Klara nicht wirklich Freunde hatte, mit denen sie sich hätte treffen können, war sie jeden Mittag zuhause und war stark auf mich fixiert. Luisa war oft unterwegs, worüber Klara sich ärgerte. Sie sagte oft, Luisa müsse mit ihr spielen und daheimbleiben. So habe ich fast alles mit Klara zusammen gemacht. Im Sommer kauften wir ihr ein Laufrad, sie war mittlerweile sechs Jahre alt. Da sie sehr klein war, passte das ganz gut. Es war sehr schwierig, bis sie das beherrschte, sie fiel oft hin, war dann wütend, schimpfte, dass das blöde Fahrrad schuld sei, wenn sie sich weh tat. Vor dem Wehtun hatte sie immer Angst. Wir haben geübt und geübt und dann ist sie am Schluss wie eine Rakete abgedüst. Im Oktober 2015 waren wir zur Kur an der Nordsee, das war etwas schwierig. Sie ist mir ständig ausgebüxt und andere Mütter haben sie mir wiedergebracht, nachdem ich ihr einen Button mit unserer Zimmernummer gemacht hatte, weil sie nie zurückfand. Das Haus war groß und verwinkelt. Dort habe ich ihr einen Roller gekauft, der hinten zwei Räder hat. Bis heute fährt sie nicht gerne Roller. Sie sagt, mit dem doofen Roller fällt man hin, und auch da hatte sie Angst, sich weh zu tun. Wenn ich mit ihr zum Arzt musste wegen einer Impfung, bekam ich immer über die Mittagszeit einen Termin, weil sie dann immer so geschrien hat, sie war schon bekannt dafür. Und mittags war es dann nicht mehr so voll in der Praxis. Das war besser.

Im September 2015 kam sie in die Eingangsstufe der Schule in dem Nachbarort. Sie sah so süß aus mit ihrer großen Schultüte und ich war so stolz und fand es toll, wie sie mit allen mitlief, obwohl sie niemanden kannte. Die anderen Freunde vom Kindergarten sind in eine andere, größere Schule gegangen, für Klara war diese Schule gut geeignet. Sie fand recht schnell Anschluss. Auch in dieser Schule musste ich öfter zu Gesprächen kommen. Ihre Devise war: Ich mach das, wann ich möchte und nicht, wenn der Lehrer es sagt. Auch daheim war es so, wir saßen manchmal stundenlang, dann wieder ging es schnell. Klara war schon immer sehr manipulativ und man musste bei ihr auf der Hut sein. Sie hat oft versucht, meinen Mann gegen mich auszuspielen und umgekehrt, hat viele Sachen kaputt gemacht und behauptet, Luisa war es. Aber sie hatte auch viele liebenswerte Sachen. Im Dezember 2015 ging es meinem Mann nicht so gut und er musste wieder ins Krankenhaus. Klara war sehr besorgt und hat ihn jeden Tag mit mir besucht. Sie hat viel gemalt und gebastelt. An Weihnachten durfte er wieder heim, worüber alle sehr glücklich waren. Sie hat sehr viel Zeit mit ihm verbracht. Im Jahr 2016 hat sich viel ereignet. Meinem Mann ging es nicht so gut. Deshalb war auch ich etwas angespannt. Klara ging zur Therapie. Ich war froh, einen Platz bekommen zu haben. Dort wurde mit ihr auch die Situation zuhause bearbeitet. Auch Luisa ging zur Therapie. Im April wurde unser Hof neu gemacht, die Mädels haben mit Begeisterung mit meinem Mann zusammen mitgeholfen. In den Sommerferien 2016 wollten wir wieder in Urlaub fahren, diesen mussten wir aber absagen, da es der Gesundheitszustand meines Mannes nicht zuließ. Eine Woche vor dem Urlaub ist ihm ein Halswirbel gebrochen. Er rief mich und sagte es mir, da rief ich den Krankenwagen. Klara hat so sehr geweint. Mein Mann wurde operiert und ich nahm auch immer beide Mädchen mit zu ihm ins Krankenhaus.

Als mein Mann wieder aus dem Krankenhaus kam, war plötzlich alles anders. Er war sehr geschwächt und musste eine Halskrause tragen.

Für uns alle war es nicht leicht zu sehen, wie es immer mehr bergab ging. Klara litt zusätzlich darunter, dass sich ihre Mutter nicht mehr meldete, war deshalb oft wütend, auch auf mich. Sie hat aber immer öfter meine Nähe gesucht und hat nun auch sehr gerne gekuschelt. Klara war sehr bemüht und war viel bei meinem Mann, hat sich auch öfter zu ihm gelegt, was beiden sehr gutgetan hat. In der Schule wurde sie auffälliger. Sie zerbrach oft Stifte oder machte Löcher in Blätter und Hefte, hatte viel Streit mit Mitschülern und auch mit Lehrern. Die Kinder haben mir so leidgetan, dass sie das alles erleben mussten. Mein Mann und ich haben Sie zu uns geholt, damit sie eine schöne Kindheit haben und dann mussten sie das erleben, wie mein Mann so krank wurde und auch, wie sehr er litt. Im November 2016 musste ich mit Klara in die Uni-Klinik. Sie musste am Schielauge operiert werden, bekam ein Band. Da Klaras Vater in der Stadt wohnt, kam er auch öfter zu Besuch, was auch ganz okay war. Er brachte ihr immer Sachen mit, das hat ihr natürlich gefallen. Als sie fünf Jahre alt war, musste ich mit ihr zum Oberlandesgericht. Dort hatte ihr Vater mehr Besuchskontakt, längere Zeiten und allein mit ihr eingeklagt. Er hatte die längeren Zeiten bekommen, aber nicht alleine, nur mit Begleitung. Ich kann mich nicht daran erinnern, dass er jemals vier Stunden da war, meistens waren es höchstens zwei Stunden, dann musste er entweder gehen, weil die Zugverbindung schlecht war oder weil Klara nicht mehr wollte.

Nachdem Klara operiert war, hörte ich schon, wie sie im Aufwachraum schrie. Eine Pflegerin kam und rief ganz aufgeregt, die Mutter von Klara soll bitte schnell kommen. Ich habe ihr Kuscheltier genommen, bin rein zu ihr. Der Vater stand vor der Tür und wollte auch rein, die Pflegerin sagte, es dürfe nur eine Person zu ihr. Nach einer Weile kam eine Schwester zu mir und sagte, ich solle bitte rausgehen und den Vater des Kindes beruhigen, er würde vor der Tür schreien und das ginge so nicht. Ich bin vor die Tür und wollte mit ihm reden, da sagte er zu mir, das werde Konsequenzen für mich haben und ich würde sehen, was ich davon hätte, dass ich ihn nicht zu seiner Tochter lasse, obwohl er es ihr versprochen hatte. Er sagte noch, diesen Tag werden Sie nicht vergessen, dafür sorge ich und Sie werden es noch bereuen. Zwei Pfleger sind mit ihm raus und die ganze Zeit hat er geschimpft. Ich hatte die Gesundheitssorge für Klara, hatte ihr, weil sie solche Angst hatte, versprochen, dass ich die ganze Zeit für Sie da bin. Es wäre mir nie in den Sinn gekommen, nicht zu ihr zu gehen. Wir schliefen zwei Nächte im Krankenhaus in einem Bett, was sie sehr toll fand. Die Operation verlief gut und sie musste danach keine Augenpflaster mehr kleben. Meinem Mann ging es zu diesem Zeitpunkt schon sehr schlecht. Anfang Dezember haben sich die Kinder einzeln mit mir von ihm verabschiedet. Es war wirklich eine schlimme Zeit. Bald darauf verstarb mein Mann. Morgens habe ich dann die Kinder geweckt und habe es Ihnen gesagt. Wirklich gut war, dass sie sich verabschiedet hatten. Sie haben ihm viele Bilder gemalt, vom Himmel und mit anderen schönen Motiven. An diesem Tag waren sie fast nur in seinem Zimmer, wo mein Mann lag, haben gespielt und ihn " schön" gemacht. Eine Betreuerin der "Kleinen Helden" war bei mir und sagte, dass das wichtig für die Kinder sei. Sie hat sich sehr um Klara gekümmert und hat viel mit ihr gesprochen und ihr viel erklärt. Luisa zog sich zurück und wollte alleine sein. Ich war der Betreuerin sehr dankbar dafür, dass sie bis fast abends bei uns war. Klara hat sehr viel geweint, bei der Trauerfeier hat sie nur an mir gehängt. Wie Weihnachten und Silvester war, brauche ich wohl nicht zu beschreiben. Im neuen Jahr wurde es schwieriger mit ihr. In der Schule wurde sie auffälliger, wir dachten, das braucht seine Zeit, da sie ja sehr trauerte.

2

Im April 2017 bin ich mit Klara zur Kinder- und Jugendpsychiatrie (KJP), dort wurde mir empfohlen, sie in die Tagesklinik zu bringen, damit sie intensiv alles aufarbeiten kann. Es kam noch dazu, dass sich ihre Mutter noch immer nicht gemeldet hatte. In dieser Zeit hat Klara eine starke Bindung zu mir aufgebaut, sie hatte starke Verlustängste, ich konnte nirgendwo mehr hingehen ohne sie. Ab da hat sie angefangen, Mama zu mir zu sagen. Sie sagte oft, ich wäre gerne in deinem Bauch gewesen. Ab Mai 2017 ging sie in die KJP. Morgens wurde sie abgeholt, oft schon um 6 Uhr, abends kam sie um 17 Uhr zurück, oft noch später. Das war sehr anstrengend für alle, denn sie war sehr müde und erschöpft. Ich hatte öfter Elterngespräche in der KJP. Sie hat sich am Anfang sehr schwergetan, sich an die Regeln zu halten, ist oft angeeckt. Eine Betreuerin war dabei, die mochte sie, mit der hat sie gerne gespielt. Im Juli 2017 wurde sie für vier Wochen freigestellt, weil wir zu einer Mutter-Kind-Kur fuhren. Da sie große Verlustängste hatte, ist sie in der Kur die ganze Zeit über immer nur bei mir geblieben, sie wollte keinen Kontakt zu den anderen Kindern. Bei Ausflügen ist sie nicht von meiner Seite gewichen. Nach der Kur musste sie gleich wieder in die KJP. Ich kann nicht sagen, ob der Aufenthalt etwas gebracht hat.

Ab Oktober musste sie üben, trocken zu werden. Tagsüber war sie schon lange trocken, nur nachts ging es immer schief. Das war vor allem für Klara eine harte Zeit. Ich habe sie, wenn ich zu Bett ging, auf die Toilette gebracht, gegen Morgen noch einmal. Wenn das Bett trotzdem nass war, musste sie es morgens abziehen, in die Waschmaschine stecken, ich hatte die Aufgabe, es bis abends zu waschen und zu trocknen, wenn sie abends wiederkam, musste sie es wieder beziehen. Ich fand das auch sehr hart, da sie ja morgens schon so früh raus musste. Wir haben Klara mit Sonne-Wolken-Bildern belohnt und mit viel Lob. Es hat etwa acht Wochen gedauert, die Abstände wurden länger und bis heute hat sie nie mehr ins Bett gemacht. Von daher hat sich die Unterstützung von der KJP gelohnt, obwohl ich, wie schon gesagt, die Maßnahme sehr krass fand. Bis Dezember 2017 war sie dort und wir waren alle froh, als sie endlich wieder in die reguläre Schule durfte. Ihrer Psyche hat es ehrlich gesagt nicht viel gebracht. Ab Januar 2018 ging Klara wieder in ihre Schule. Es lief ganz gut an. Manchmal kam jetzt sogar eine Freundin mit nach Hause, einmal hat sie sogar bei einer übernachtet, was mich sehr gefreut hat. Sie hatte sich das so gewünscht, weil Luisa oft bei einer Freundin übernachtet hat. In der Schule war sie mal mehr, mal weniger auffällig, es kam auf die Tagesform an.

Im Mai merkte ich, dass es wieder schlimmer mit ihr wurde, sie wurde wieder wütend, har viel geweint, hat um meinen Mann getrauert und war traurig, dass sich ihre Mutter noch immer nicht gemeldet hatte. Sie sagte, sie habe zwei Trauerfälle, den Pflegevater und die Mutter, denn diese ist ja wohl auch tot, weil sie sich nicht meldet. Als ich mit ihr zur Kinderärztin musste, meinte diese, Klara habe Adipositas und wir wurden zur Ernährungsberatung für Kinder geschickt. Ab da stellten wir unsere Ernährung um, es gab nur noch Dinkelprodukte, viel Obst und Gemüse. Sie hat gut abgenommen und war mächtig stolz. Im Juni sprach sie mit ihrer Betreuerin, dass sie die Mama so gerne wiedersehen möchte und ob diese nicht versuchen könnte, sie zu erreichen. Sie war wirklich sehr traurig darüber. Oft sagte sie, sie sei blöde, keiner habe sie lieb. Solche Sachen sagte sie immer wieder. Wenn wir Auseinandersetzungen hatten, sagte sie oft, gib mich doch weg, mich hat eh keiner lieb. Ich habe viele Gespräche mit ihr geführt und ihr immer wieder gesagt, dass ich sie liebhabe und sie nicht in ein Heim geben werde. Mit ihrer Betreuerin hatte sie ein Gespräch, sie sagte, dass sie Angst vor mir hätte. Das hatte mich sehr erstaunt. Bei ihr wusste man nie so recht, was sie mit ihren Aussagen bezwecken wollte. Wir haben zusammen gesprochen, sie hatte Karten gemacht und darauf geschrieben und gezeichnet, warum sie Angst hat. Im nächsten Moment hing sie wieder an mir und weinte, Mami, ich hab' dich lieb und möchte immer bei dir sein. In der Schule lief es recht gut, die Lehrer hatten den Schulassistenten abgelehnt, der von der KJP empfohlen wurde. Sie meinten, Klara sei recht zugänglich und sie kämen gut mit ihr zurecht. Das Zeugnis, das sie am Ende des Schuljahres bekam, war dann auch gar nicht schlecht. Im Juli 2018 fuhren wir in Urlaub an die Nordsee. Das hatten wir zusammen ausgesucht, es war ein Bauernhof dabei. Wir wollten an die Nordsee, weil wir früher öfter mit meinem Mann dort waren. Ich hatte aber eine andere Ecke ausgesucht, wo wir noch nicht waren. Der Urlaub erwies sich als nicht gut gewählt. Die Kinder wollten nichts machen. Immer, wenn ich etwas vorgeschlagen hatte, hieß es, nein, das haben wir früher immer zu viert gemacht, das wollen wir ohne ihn nicht mehr. Manche Tage waren auch schön, da konnte ich Ausflüge mit ihnen unternehmen. Die Kinder wollten eine Flaschenpost ins Meer werfen, da mein Mann seebestattet worden war. Es hat zwei Tage gedauert, bis Klara endlich auf das Schiff ist. Sie weinte, nein, ich möchte ohne ihn nicht mit dem Schiff fahren. Ich habe sie regelrecht überredet. Dann hat es ihr sehr gut gefallen und sie hat sich mit Luisa frei bewegt. Es war ganz oft so, dass sie weinte, wenn etwas Neues kam, zum Beispiel als wir zum ersten Mal Sommerrodelbahn fuhren. Da hatte ich sie mir auf den Schoß gesetzt, sie hat geweint, weil sie Angst hatte. Ich wusste aber, dass es ihr Spaß macht, und so war es auch. So war es bei vielen Dingen. Im Urlaub war es dann allerdings so, dass ich vier Tage früher zurück gefahren bin. Zuhause war es dann wieder besser. Bei Klara musste immer alles genau geregelt sein, dann war es in Ordnung. Eines Tages kam die Betreuerin, um ihr mitzuteilen, dass sie die Mama erreicht hat. Diese sagte, sie sei noch nicht bereit, sie zu sehen (nach fast vier Jahren), wäre aber bereit, über WhatsApp zu schreiben. Zuerst fand Klara das auch okay, dann hat sie wohl darüber nachgedacht und verstanden, was das eigentlich hieß ... Ab da ging es steil nach unten. Sie hat unheimlich viel geweint, war so wütend auf alle und alles, hat getobt bei jeder Kleinigkeit. Man merkte, sie war unheimlich verzweifelt und hilflos und traurig. Ich habe sie viel gehalten, mit ihr gesprochen, erklärt, so gut es ging. Einen Moment hat es geholfen, dann aber waren die Wut und Verzweiflung wieder da, ich kam nicht mehr an sie heran.

Es ging so weit, dass sie plötzlich anfing zu sagen, sie möchte tot sein. Als wir mit dem Auto unterwegs waren, hat sie während der Fahrt die Autotür aufgemacht. Zum Glück habe ich es gleich bemerkt und habe ab da die Kindersicherung wieder aktiviert. Wenn sie sagte, dass sie tot sein möchte, habe ich sie in den Arm genommen und mit ihr gesprochen. Sie sagte, sie mache sich nicht tot, sie sagte das nur dann, wenn sie in dem Moment nicht da sein wollte.

An einem Sonntag stand sie plötzlich im Bad auf dem Fenstersims, ich war draußen. Sie sagte, na, meinst du, dass ich springe? Sie stand oben im 2. Stock. Ich habe mit ihr geredet und bin währenddessen hochgelaufen. Anschließend haben wir beide geweint. Ich sagte ihr, dass ich am nächsten Tag in der KJP anrufen werde, da uns geholfen werden muss und ich die Verantwortung nicht mehr übernehmen kann. Sie sagte dann, sie wäre niemals gesprungen und ich gab ihr zur Antwort, dass ich momentan nicht wisse, wie weit sie gehen würde, wenn sie wütend und verzweifelt ist. Längere Zeit wurde mir schon eine Klinik der KJP empfohlen, die Klinik sei toll und die würden gut arbeiten. Bisher hatte ich mich schwer damit getan, sie stationär in eine Klinik zu geben, aber jetzt war ich am Ende und wusste nicht mehr, wie ich ihr helfen konnte. Montags fing die Schule wieder an und sie ging fröhlich aus dem Haus. Ich habe dann bei der KJP angerufen und unser Problem geschildert. Daraufhin bekam ich gleich am anderen Tag einen Termin in der Notfall-Ambulanz. Als ich mit ihr zu dem Termin bin, wollten sie dort, dass Klara gleich in die Klinik kommt und stationär aufgenommen werden soll. Das ging mir aber zu schnell und ich fragte, wie lange die Wartezeiten sind, wenn wir noch warten würden. Sie meinten, noch zwei bis drei Wochen. Das könne ich leisten, sagte ich und nahm sie wieder mit. Klara hatte so fleißig mitgeübt für ein Theater, da wollte sie unbedingt mitmachen, und ich freute mich auch, dass sie es so toll machte, und es standen noch mehrere Dinge an, die ich organisieren musste.

In der Zeit habe ich viel mit ihr geredet, habe ihr erklärt, dass das ein Krankenhaus für ihre kranke Seele ist und ich gehört habe, dass die ganz toll helfen können, dass es ihr wieder gut geht danach. Ich habe ihr versprochen, dass ich sie nicht alleine lasse, dass ich komme, wenn Besuchszeiten sind und wir auch regelmäßig telefonieren dürfen und sie an den Wochenenden nach Hause darf. Die Stimmung daheim war sehr angespannt, da wir alle nicht wussten, wann es los geht und wie das sein wird. Sie hat viel geweint in der Zeit, weil sie Angst hatte. Am 20. August hatte ich ein Gespräch mit dem Jugendamt, der Betreuerin und der Bereichsleitung vom Fachdienst Erziehungsstellen. Ich sagte, dass es sehr schwierig ist und dass ich hoffe, dass es bald losgeht, dass sie in die Klinik kommt, denn es war für sie wirklich unerträglich geworden. Die Bereichsleiterin begleitete mich anschließend nach Hause, weil sie den Hausbesuch mit dem Termin verbunden hatte. Um 13 Uhr bekam ich einen Anruf von der KJP, ich solle gleich mit Klara zur Klinik kommen. Sie war ja noch in der Schule. Sie sagten, bis 16 Uhr müsste ich auf jeden Fall mit ihr dort sein, die Mitarbeiter dort wüssten Bescheid. Voller Panik habe ich ihre Tasche gepackt. Um 13.45 Uhr kamen die Kinder aus der Schule. Zuerst habe ich mit ihnen zu Mittag gegessen, anschließend habe ich Klara auf meinen Schoß genommen und ihr gesagt, dass jetzt ein Platz frei ist und wir gleich fahren müssen. Sie hat geweint und sich an mich geklammert, ich bin dann mit ihr hoch und sie hat noch für sie wichtige Sachen eingepackt. Luisa brachte ich noch zu einer Freundin und dann fuhren wir los. Im Auto haben wir viel gesprochen und ich hatte das Gefühl, dass ich ihr die Angst nehmen konnte. Als wir ankamen, war es kurz nach 16 Uhr. Die Strecke ist fast 90 Kilometer und ich hatte mich wirklich beeilt. Es stellte sich heraus, dass keine der anwesenden Personen wusste, wer wir waren, obwohl uns gesagt wurde, sie wären informiert. Ich war sehr froh, dass ich von der Mitarbeiterin der Erziehungsstelle begleitet wurde. Nach einer Ewigkeit kam eine Ärztin und hat das Aufnahmegespräch geführt. Sie wirkte sehr genervt und überfordert, sie sagte auch ein paar Mal, dass das eigentlich nicht ihre Aufgabe sei und dass es nach 16 Uhr war, als wir ankamen, ich hatte das Gefühl, dass sie sich darüber ärgerte. Ich erklärte ihr, dass wir gerade mal zwei Stunden Zeit hatten, das Kind vorzubereiten und die 90 Kilometer zu fahren. Auf jeden Fall mussten wir dann die Papiere unterschreiben und dann musste Klara auch unterschreiben, dass sie freiwillig bleibt. Sie war neun Jahre alt. Klara sagte, das unterschreibe ich nicht, was ja klar war. Da sagte die Ärztin, dass ich sie wieder mitnehmen müsse, sie dürfen sie gegen ihren Willen nicht einweisen. Ich habe sie wohl ziemlich entgeistert angeschaut. Ich bat darum, mit Klara vor die Tür zu dürfen. Dort habe ich ihr noch einmal alles erklärt und da sagte sie, na gut, dann unterschreibe ich halt. Sie hat mit Buntstiften ihren Namen auf das Blatt geschrieben. Wenn ich auch nur im Geringsten geahnt hätte, was uns erwartet, hätte ich sie niemals überredet und hätte sie wieder mitgenommen.

ICH WERDE ES MIR MEIN LEBEN LANG NICHT VERZEIHEN UND MIR DESHALB IMMER VORWÜRFE MACHEN, DASS ICH SIE IN DIESE KLINIK GEGEBEN HABE!!!!!

3

Die nächsten Monate waren so schlimm, ich kann es immer noch nicht glauben. Nachdem Klara unterschrieben hatte, kam eine Pflegerin und nahm sie mit zu ihrem Zimmer. Sie sagte, ich dürfe noch kurz zu ihr und danach solle ich mich schnell verabschieden. Als wir durch den Flur zum Zimmer liefen, war die Ärztin schon sehr nervös, sie sagte, ich dürfe eigentlich nicht auf die Station- aus Datenschutzgründen. Klaras Zimmer hat mich sehr geschockt und Klara auch. Es lag nur eine Matratze auf dem Boden, ansonsten war nichts, kein Schrank, kein Tisch, kein Fenster. Ich war sehr erschrocken, aber es wurde mir gesagt, das sei normal in der Geschlossenen, sie wäre ja schließlich suizidal gefährdet, das sei der Time-out-Raum und da könne sie sich nichts antun. Zusammen haben wir noch die Nachtkleidung und die Kuscheltiere aus dem Koffer geholt, dann musste ich mich verabschieden. Als ich ging, hat sie so geschrien, ich habe es noch heute in den Ohren. Zwei Tage später durfte ich mit ihr telefonieren. Es war kaum möglich, mit ihr zu sprechen, weil sie so geweint hat. Ich glaube, sie war vier Nächte in diesem Zimmer, dann durfte sie in ein Zimmer mit einem Bett; in dem Zimmer waren außer ihr noch zwei andere Mädchen. Am Wochenende durfte ich sie für zwei Stunden besuchen. Sie war nicht mehr ganz so angespannt, dennoch weinte sie viel, besonders die Verabschiedung war sehr schwierig. Ich habe mehr als einmal gesagt, ich hole sie wieder raus, aber es wurde mir gesagt, sie gewöhne sich daran, das sei normal am Anfang, sie müsse ja zuerst mal ankommen. Es war so schlimm. Wenn man kam, musste man klingeln, dann kam jemand von den Betreuern, man musste sagen, zu wem man möchte, dann wurde die Tür wieder verschlossen und man musste warten, bis sie das Kind brachten. Mir kam es wie in einem Gefängnis vor.

Nach etwa zwei Wochen durfte sie die Station wechseln. Ich habe mich sehr darüber gefreut. Aber auch hier war es so, dass man vor der Tür warten musste, wenn man zu Besuch kam. Ich habe mir sagen lassen, dass auch das normal sei für so eine Klinik, aber ich fand und finde es immer noch so schlimm. Das Zimmer durfte man auch nicht sehen, auch aus datenschutztechnischen Gründen. Die Elterngespräche mit der zuständigen Psychiaterin waren zuerst sehr gut, und sie hat mir immer Mut gemacht, es durchzuhalten. Sie sagte immer wieder, wie wichtig es für Klara sei, dass ich immer für sie da bin und sie nicht im Stich lasse. Da Klara sonst niemanden hatte, waren wir die einzigen Menschen überhaupt, die ihr etwas bedeuteten. Nach zwei Wochen in der Station durfte ich sie mittwochs von 14 bis 17.15 Uhr besuchen. Für Luisa hatte ich in der Zeit eine Tagesmutter organisiert. Die Zeit mit Klara dort war immer sehr schön. Außerdem durfte ich sie samstags um 8.30 Uhr holen und abends musste sie um 17.15 Uhr wieder da sein. Sonntags genauso. Das war eine große Fahrerei und Herausforderung für mich, das waren an den ersten Wochenenden jedes Mal fast 800 Kilometer. Aber das war wichtig für sie, damit sie sah, dass ich für Sie da bin. Sonntags war es schwieriger, da hat sie viel geweint, wenn wir zurückfuhren. An einem Sonntag bekam ich die Auflage, nicht mit Klara zu uns nach Hause zu gehen, das sei zu anstrengend für sie. Wir fuhren zu uns, damit ich Luisa abholen konnte, weil wir eingeladen waren, extra damit wir nicht bei uns sein würden. Klara saß im Auto, ich habe Luisa geholt. Plötzlich kam Klara aus dem Auto und sagte, dass sie auf die Toilette müsse. Also habe ich sie reingeschickt, damit sie zur Toilette gehen konnte, gleich danach kam sie wieder raus. Ich bekam deshalb einen großen Ärger mit der Klinik, ich hätte mich nicht an die Regeln gehalten und sei nicht zuverlässig, sagten sie. Sie haben Klara gefragt, wie es war, und da sagte sie, dass sie nur auf der Toilette war. Sie meinten, ich hätte erst gar nicht zum Haus fahren dürfen. Ich erklärte ihnen, dass ich schließlich noch eine Pflegetochter habe, diese habe ich abgeholt, da sie so früh nicht mitfahren wollte. Sie geht mittwochs schon zu einer Tagesmutter, ich möchte sie nicht auch noch sonntags irgendwo unterbringen, zumal sie auch sehr unter der ganzen Situation litt, sagte ich, aber das interessierte niemanden. Die Elterngespräche liefen noch recht gut, die Psychiaterin musste auch öfter bei mir anrufen; Klara hat eine rege Phantasie und so mussten wir eng zusammenarbeiten, damit keine Unstimmigkeiten und Missverständnisse entstanden. Einmal rief die Psychiaterin an und erzählte mir, dass Klara sagte, dass sie Angst vor ihr hätte und sie an ihre Oma erinnerte. Sie fragte, ob ich diese kenne. Das musste ich verneinen. Im Oktober 2018 sagte die Psychiaterin mir, dass Klara wohl ein Bordeliner sei. Sie war sehr verzweifelt mit ihr und sie kamen kein Stück weiter, sie wollte einfach immer nur nach Hause. Da ich zu diesem Zeitpunkt noch keinerlei Informationen über diese Krankheit hatte, ließ ich es erst einmal so im Raum stehen. Auf jeden Fall sprach sie irgendwie komisch. Sie sagte, dass sie feste Regeln bräuchte und vieles mehr. Irgendwie hatte ich da schon ein komisches Gefühl, da sie aber immer wieder betonte, dass es wichtig für Klara sei, dass ich fest hinter ihr stehe, habe ich das komische Gefühl verdrängt. Klara durfte jetzt von samstags bis sonntags wieder bei uns übernachten. Sonntags habe ich sie wieder zurückgebracht. Es war sehr schön, nur ab Sonntagnachmittag wurde es schwierig, wenn ich die Tasche wieder gepackt habe. Sie war richtig sauer mit mir, dass ich sie wieder wegbrachte. Da ich aber montags anrief, mittwochs kam, donnerstags wieder anrief und sie samstags ganz früh wieder abholte, konnte ich sie immer wieder beruhigen. Weil sie so schlecht einschlafen konnte, habe ich ihr auf ein Diktiergerät Lieder gesungen und ihr eine gute Nacht gewünscht. Die Psychiaterin meinte, das sei eine gute Idee. Außerdem gab ich ihr daheim immer Rescue-Tropfen, weil sie immer schon Probleme mit dem Einschlafen hatte. Es ist pflanzlich und bei ihr half es. Die Ärzte in der Klinik haben es verweigert und ich musste es wieder mitnehmen. Sie meinten, wenn sie Probleme hat, könnten sie Ihr eine leichte Schlaftablette geben!

Mitte Oktober war dann ein runder Tisch. Es war die Psychiaterin dabei und alle, die etwas mit ihr zu tun hatten.Zuerst wurde allgemein über sie gesprochen, dass sie sehr schwierig sei, dass sie keine Fortschritte macht, dass sie sich nicht an Regeln hält. Die Psychiaterin sagte auf einmal, dass sie dringend empfehlen werde, dass Klara in eine Wohngruppe müsse, da sie so problematisch sei, ich alleine sei und das nicht tragen und schaffen könne. Da ich noch die Gesundheitssorge für sie hatte, musste ich mein Einverständnis geben. Ich habe sehr geweint und um eine Pause gebeten, habe mich sehr schwer damit getan. Die Psychiaterin sagte, dass ich Klara weiterhin begleiten dürfe und solle, da es wichtig für sie sei. Sie müsse wissen und spüren, dass sie sich auch weiterhin auf mich verlassen kann. Schließlich sagte ich ja, weil alle es befürworteten; ich dachte ja, dass ich weiterhin für sie da sein werde. Sie sagten, dass Klara regelmäßig an den Wochenenden nach Hause käme, auch die Hälfte der Ferien, an den Feiertagen. Auch sagten sie, dass die Wohngruppen so etwas befürworten, es sei wichtig für die Wohngruppe, dass Klara eine Familie hat. Die Psychiaterin fragte, ob ich bereit sei, weiterhin die soziale Familie für Klara zu sein, das sei auch wichtig bei der Suche der Wohngruppe. Ich konnte gar nicht glauben, dass sie das fragten, das war selbstverständlich für mich. Sie sagten, das sei nicht selbstverständlich, viele Pflegeeltern brechen dann den Kontakt zu den Kindern ab. Unvorstellbar für mich. Schließlich war sie fünf Jahre bei mir und sie war mir sehr ans Herz gewachsen. Anschließend hatte ich noch eine Stunde Besuchskontakt mit ihr, das war nicht so gut, denn mir ging es nicht so gut mit der Situation. Da Klara sehr feinfühlig ist, hat sie gemerkt, dass etwas nicht stimmt. Ich glaube, ich sagte ihr, dass ich heftige Kopfschmerzen hätte und bin etwas früher zurückgefahren. Ich bekam einen Termin mit der Psychiaterin, sie wollte mich auf das Gespräch mit Klara vorbereiten. Danach sollte Klara gebracht werden, damit ich mit ihr spreche. Der Termin war drei Wochen später. Die Wochenenden zuhause mit ihr waren schwierig für mich, da sie immer wieder fragte, wann sie wieder ganz nach Hause kommen darf. Mir hat mein Herz geblutet und ich dachte, ich kann das nicht, ich mache das nicht, aber es gab kein Zurück mehr. Dass sie schwierig ist, wusste ich ja, dass sie große Probleme hat, wusste ich auch, dass ich es zumindest momentan nicht leisten konnte, wusste ich auch. Ich musste mir selbst immer wieder gut zureden, dass es richtig ist, dass sie mehr Hilfe bekommt als bei mir, aber es tat sehr weh, sie so leiden zu sehen. Zu dem Termin mit der Psychiaterin und dem anschließenden Gespräch mit Klara bin ich sehr angespannt gefahren. Ich saß bestimmt 20 Minuten vor der Tür, dann fand ich es komisch und habe auf der Station angerufen und gefragt, wann die Frau endlich kommt. Da wurde mir gesagt, dass sie den ganzen Vormittag versucht hätten, mich anzurufen, sie wollten mir sagen, dass die Psychiaterin krank ist, aber ich wäre ja nicht an mein Handy gegangen. Beim Festnetz hätten sie es auch versucht. Ich konnte mir das überhaupt nicht erklären und habe mich furchtbar aufgeregt, anschließend bin ich sogar noch zum Vodafone-Shop gefahren und habe mir die letzten Verbindungen ausdrucken lassen. Da die Nummern bei mir abgespeichert waren, hätte ich es sehen müssen, da war nichts, auch keine unbekannte

Nummer. Das habe ich der Betreuerin dann am Telefon gesagt, woraufhin sie mir vorwarf, ich wolle die Klinik der Lüge bezichtigen, das wäre unverschämt und vieles mehr. Ich erwiderte, dass ich beim nächsten Kontakt den Nachweis mitbringe und nur sage, wie es ist.

Nachdem die Psychiaterin wieder gesund war, hatte sie noch zwei Wochen Urlaub, sodass das Gespräch erst Ende November stattfand. Zuerst hatte ich kurz mit ihr gesprochen, dann ließ sie Klara holen. Ich war sehr angespannt und musste weinen und ich wusste nicht, ob ich es schaffen würde, es ihr zu sagen. Als sie kam, spürte sie gleich, dass etwas nicht stimmt, denn sie hat sich versteckt und wollte nicht mit uns sprechen. Nach einiger Zeit kam sie dann auf meinen Schoß und ich habe sie fest umarmt. Dann sagte ich ihr, was die Psychiaterin gesagt hatte, dass sie in eine Wohngruppe soll, weil ihre Seele so krank ist und ich ihr nicht genügend helfen könne, dass sie intensiv betreut werden muss, damit es ihr bald bessergeht. Sie hat so sehr geweint und sich an mich gedrückt, hat immer wieder gesagt, nein, ich will bei dir bleiben, ich möchte nicht in einer Wohngruppe wohnen, ich möchte bei dir wohnen, du bist doch meine Mama. Da hat sich die Psychiaterin eingeklinkt und ihr gesagt, wenn du in eine Wohngruppe gehst, das ist was ganz Tollen. Wenn eine passende für dich gefunden wird, darfst du mit deiner Mama dahinfahren, um sie gemeinsam zu besichtigen. Wenn sie dir gefällt, darf deine Mama mit, um mit dir dein Zimmer einzuräumen und sie darf dich regelmäßig besuchen. An den Wochenenden darfst du oft nach Hause, auch in den Ferien. Sie sagte noch zu ihr, deine Pflegemama hat dich lieb und wird weiterhin für dich da sein. Mit der Zeit beruhigte Klara sich und ich versprach ihr, dass ich immer für sie da sein werde, da sie ein besonderer Mensch ist und ich sehr liebe, sagte ihr, dass sie mir ein ganz wichtiger Mensch ist. Die Gewissheit, dass ich weiterhin ihre soziale Familie bleibe, hat mich damals sehr beruhigt. Ich dachte, wenn ich sie regelmäßig sehe und sie an den Wochenenden kommt, sie unter der Woche gut betreut wird, ist es gut, da ich ja wusste, dass sie Hilfe benötigte, die ich ihr nicht geben konnte (was ich nach allen Erfahrungen , die dann folgten, jetzt anders sehe). Die Besuchskontakte waren wieder lockerer, da ich ja jetzt offener mit ihr sprechen konnte. Ich habe es ihr in den schönsten Farben ausgemalt und immer wieder gesagt, dass sich an unserer Beziehung nicht ändern wird. Anfang Dezember haben wir wie immer Plätzchen gebacken und ich habe ihr die abgezählten Päckchen ihres Adventskalenders eingepackt und mitgegeben. Am Todestag meines Mannes war Klara sehr traurig. Wir gingen mittags alle zusammen zum Lieblings-Italiener meines Mannes, nachmittags habe ich sie zurück in die Klinik gefahren. Die Verabschiedung war an diesem Tag sehr schwierig, sie hat so geweint.

Und ab hier beginnt die zweite Odyssee.

4

Es ist noch immer so tief in mir, ich brauche, glaube ich, bis an mein Lebensende, bis ich das verarbeitet habe, wenn ich es überhaupt jemals schaffe. Am 11. Dezember rief mich nachmittags die Psychiaterin an und sie war sehr aufgelöst, ich hatte zuerst gar nicht verstanden, was sie sagte. Zu Beginn des Gespräches sagte sie, sie hätte das Telefon auf Laut gestellt, weil sie gerade in einer Konferenz sitzen und damit Frau Meier hört, was ich zu sagen hätte. Ich fragte, wer denn diese Frau sei und sie erklärte mir, das sei die Klinikleitung. Sie erklärte mir, Klara hätte einen MORDANSCHLAG auf das Personal verübt und außerdem hätte sie die komplette Klinik gefährdet. Auch hätte sie einem Mädchen eine giftige Substanz verabreicht. Ich war sehr erschrocken und fragte, was sie denn gemacht hat. Sie hatte Desinfektionsmittel und Mundwasser gemischt und vom Ohrloch-Antiseptum etwas dazu getan. Anschließend hätte Klara behauptet, sie wollte es den Pädagogen in den Tee träufeln und sie damit vergiften. Die Klinik hätte sie damit insofern gefährdet, als dass sie das Gemisch in ihren Schrank gestellt hätte, und nun schon ein Loch in den Schrank eingebrannt sei. Aufgrund dessen hatten sie ihr Zimmer untersucht und dabei im Schrank das Diktiergerät gefunden, das ich ihr mitgegeben hatte. Anschließend kam die Klinikleiterin ans Telefon und sagte, ich hätte gegen das Datenschutzgesetz verstoßen, denn Klara hätte Therapiestunden (Ausschnitte) und Ausschnitte vom Unterricht und ein Konzert der Schule aufgenommen. Sie sagte, dass ich schon öfter gegen Regeln verstoßen hätte. Als ich fragte, welche, kam die Aussage, dass ich sie z. B. zu Hause auf die Toilette habe gehen lassen, obwohl es nicht empfohlen wurde. Ich erklärte ihr noch einmal, warum das so war und als ich fragte, gegen welche Regeln ich noch verstoßen hätte, sagte sie, dass ich ihr das Diktiergerät mitgegeben hatte. Ich erklärte ihr, dass ich das mit der Psychiaterin abgesprochen hatte, diese sagte, sie hätte das Gerät noch nie gesehen. Auf jeden Fall hatte keiner danach geschaut, was Klara abends im Zimmer hört oder macht. Ich konnte doch nicht wissen, dass sie es überall mit hinnimmt.

Dann kam die Härte, denn die Psychiaterin fragte mich allen Ernstes, inwieweit ich darin involviert wäre, denn sie hätte das Gerät abgehört und ich hätte darauf gesagt, lass dich nicht erwischen. Das war eine bodenlose Frechheit. Als ich zu einem späteren Termin dort war, wollte ich es hören, aber es wurde mir gesagt, dass sie es gelöscht haben. Das Beweismittel war also weg. Nach langem Reden am Telefon sagte die Psychiaterin, dass das Team die Konsequenzen besprechen und sie mich dann informieren würden. Außerdem müsse Klara sofort disziplinarisch entlassen werden. Die Psychiaterin hat sich wahnsinnig ins Zeug gelegt im Beisein der Klinikleitung und sie kam sich bestimmt ganz wichtig und toll vor, das war auf jeden Fall mein Eindruck. Da das Jugendamt keinen Platz für sie fand, kam sie auf eine andere Station. Am nachfolgenden Tag bekam ich den Anruf, dass als erste Konsequenz der Besuch am Nachmittag nicht stattfinden durfte. Das konnte ich nachvollziehen. Abends durfte ich mit ihr telefonieren. Ich fragte sie, was sie denn gemacht hat. Sie weinte sehr und sagte, sie wollte keinen vergiften, sie hat es für sich selbst gemacht. Wenn sie nicht mehr nach Hause dürfe, wolle sie tot sein. Ich fragte sie, was sie denn gemixt hat. Sie sagte, ein bisschen Desinfektionsmittel, Duschschaum und den Rest vom Antiseptum. Das Desinfektionsmittel hatte sie aus der Klinik, das könnte ich auch bemängeln, denn in einer Klinik für psychisch kranke Menschen dürfte so etwas nur unter Verschluss stehen. Am Wochenende durfte ich sie auch nicht holen und am nächsten Mittwoch durfte ich auch nicht zu ihr.

Am 18. Dezember bekam ich vormittags einen Anruf von der zuständigen Sachbearbeiterin vom Allgemeinen Sozialen Dienst (ASD), die mir sagte, dass ich ab sofort Kontaktsperre zu Klara hätte, da es besser für sie sei, da sie sich nicht auf die Therapien eingelassen hatte und immer nach Hause wollte. Ich war so geschockt, habe geweint und gefragt, ob sie denn nicht noch wenigstens an Weihnachten kommen dürfe. Sie sagte nein, sie müsse in der Klinik bleiben. Ich sagte ihr, ich müsse mit ihr sprechen, müsse es ihr erklären, dass ich momentan nichts tun kann. Das Gespräch war dann im Februar. Am 23. Dezember bin ich mit Luisa zur Klinik gefahren. Ich rief vorher an und fragte, ob ich ihr wenigstens ihre Geschenke bringen kann. Als wir noch nicht ahnten, dass sie nicht kommen darf, hatte ich mit Luisa in der Stadt der Klinik ein Hotelzimmer gebucht, damit wir abends noch gemeinsam auf den Weihnachtsmarkt gehen konnten und damit wir am anderen Morgen früh bei ihr sind, um sie abzuholen für die Feiertage. Zuerst sind wir zur Klinik gefahren, um ihre Geschenke zu bringen und ihr Kleid, das sie sich für Weihnachten ausgesucht hatte. Ich musste, als ich da war, anrufen, dann kam eine Mitarbeiterin heraus und hat mir alles abgenommen. Sie war sehr aufgeregt, dass mich Klara ja nicht sieht. An dem Tag wurde nachmittags mein Enkel geboren. Ich fragte, ob ich anrufen dürfe, um es ihr zu sagen, weil sie die ganze Zeit so neugierig auf das Baby war. Als ich abends anrief, sagte die Betreuerin, Klara wäre ziemlich ausgeflippt, weil ihre Kleidung da war. Ich wurde gebeten, ihr zu sagen, dass ich es mit der Post geschickt hätte, weil sie es ihr auch so gesagt hätten. Es fiel mir sehr schwer, ihr eine schöne Weihnacht zu wünschen. An Heiligabend durfte ich auch mit ihr telefonieren. Sie hat sehr geweint und auch ich musste mich sehr beherrschen.

Wie unser Weihnachtsfest war, brauche ich nicht zu erwähnen. Meine Schwester hat uns kurzfristig eingeladen, sie haben uns gut abgelenkt, denn auch Luisa ging es nicht gut mit der Situation. Seit diesem Zeitpunkt mag Luisa den Dezember nicht mehr. Sie sagt, im Dezember ist der Pflegevater gestorben, im Dezember, genau am Todestag, war Klara zuletzt da. Ich versuche in der Adventszeit immer, alles schön weihnachtlich zu machen, aber es interessiert sie nicht mehr sonderlich. Am 31. Dezember durfte ich wieder mit Klara telefonieren. Sie dachte, ich hole sie über Silvester. Von mir wollte sie es hören, dass sie nicht kommen darf, weil sie es den Betreuern nicht geglaubt hatte. Als ich ihr sagte, dass ich sie wirklich nicht holen darf, hat sie so sehr geweint, ich konnte es fast nicht ertragen. Sie sagte, ich habe solches Heimweh nach dir, was soll ich denn machen? Ich konnte sie etwas beruhigen und wünschte ihr einen schönen Abend und einen guten Rutsch und sagte, sie solle mir unbedingt erzählen, wie dort Silvester gefeiert wird. In dieser Zeit gingen mir viele Momente sehr an die Substanz, ich habe viel geweint, auch mit Luisa, die sehr unglücklich war. Ich habe immer versucht, es ihr zu erklären, damit sie es besser versteht, was aber schwierig für mich war, weil ich es ja selbst nicht verstehen konnte. Anfang Januar 2019 habe ich in der Klinik angerufen und wollte die neue Psychiaterin sprechen. Da Klara die Station gewechselt hatte, bekam sie eine neue zugewiesen. Ich dachte, das ist prima, vielleicht ist die besser. Es war eine Frau am Telefon, die sagte, dass die Neue nicht mit mir sprechen würde. Als ich fragte, warum, hieß es, das sei eine Anordnung vom Jugendamt. Die Dame vom Jugendamt sagte mir nachher, dass sie nichts davon wusste.

Mitte Januar wurde ich zum Jugendamt eingeladen. Ich nahm wieder jemanden vom Fachdienst Erziehungsstelle mit. An dem Tag lernte ich auch die neue Bearbeiterin vom ASD kennen. Mir wurde gesagt, dass ich gute Arbeit geleistet hätte in den letzten Jahren, dass mit Klara aber anders gearbeitet werden muss, weil sie psychisch sehr krank ist. Anschließend fragte ich, wie es denn sein könne, dass ich das Kind schon sechs Wochen nicht sehen dürfe, obwohl sie so weint und sie nach wie vor nicht mitarbeitet. Am Anfang, als die Diagnose Borderliner diagnostiziert wurde, hieß es, sie könne keine Bindung eingehen, sie würde mich irgendwann abservieren und eiskalt das nächste Opfer suchen. Das war ja nun nicht eingetroffen und ich sagte, dass ich mir das niemals vorstellen könnte. Jetzt hieß es plötzlich, die Bindung zu mir sei zu eng, das müsse " gestoppt" werden, weil sich das Kind sonst auf nichts einlässt und immer weiter hofft, zu mir zurück zu können. Sie sagten, dass ich weiterhin für Klara da sein dürfe, das dauere eben, und sie versprachen mir wieder, dass ich die soziale Familie bleiben werde.

Ende Januar bekam ich einen Termin in der Klinik zum Gespräch. Ich dachte, es gehe um das Diktiergerät und die anderen Regeln, gegen die ich angeblich verstoßen habe. Als ich ankam, saßen beide Psychiaterinnen da. Es wurde mit keinem Wort über das Diktiergerät gesprochen. Sie sagten zuerst, dass es schwierig sei, eine geeignete Wohngruppe zu finden. Als ich fragte, ob eine Wochengruppe auch möglich wäre, sagte die Neue, nein, auf keinen Fall. Klara müsse ja endlich mal wissen, wo sie hingehört. Ich sagte darauf, dass sie die letzten fünf Jahre genau wusste, wo sie hingehört. Das fand ich unverschämt. Auf jeden Fall begannen sie damit, dass es schwierig war, Klara auf das Gespräch vorzubereiten. Es würde sehr schwierig werden, sie hätten extra das Zimmer gegenüber der Station gewählt, damit sie im Notfall zurückgebracht werden könnte. Ich fragte dann, was denn das für ein Gespräch sein soll, ich wusste nichts davon. Sie sagten mir, Sie müssen sich heute von ihr verabschieden. Das konnte ich nicht verstehen und fragte, wie, ich muss mich verabschieden? Sie sagten, ich dürfe Klara nicht mehr sehen, das seien Anweisungen vom Jugendamt. Das kam so geballt auf mich zu, dass ich gar nicht wusste, was ich sagen sollte, ich war geschockt.

Plötzlich stand sie vor mir und sie hat sofort angefangen zu weinen. Ich habe sie ganz fest in den Arm genommen und habe ihr gesagt, dass ich das alles so nicht wollte. Dann musste ich mit in ihr Zimmer, um Sachen mitzunehmen. Sie meinten, ich solle mich kurzfassen. Sie hatte einen Koffer gepackt mit Schmutzwäsche. Die neue Psychiaterin hat ihn ausgeräumt und hat gesagt, die werden jetzt von uns gewaschen, hast du das verstanden? Dann hatte sie noch eine Kiste mit Spielen gepackt, sie sagte, nimmst du das mit nach Hause? Da sagte die Neue: Hast du es jetzt mal endlich verstanden, du hast kein Zuhause mehr, die Sachen bleiben hier. Ich war nur geschockt und sprachlos. Dann wurde ich aufgefordert, mich zu verabschieden. Ich habe Klara umarmt und habe ihr gesagt, dass ich sie unendlich liebhabe und ihr gesagt, dass wir wenigstens telefonieren dürfen. Dann musste ich gehen. Sie hat so geschrien, ich habe es noch gehört, als ich schon draußen war. Über eine Stunde saß ich im Auto, bis ich überhaupt fähig war, wieder zu fahren. Am anderen Morgen rief ich gleich beim ASD an und fragte, warum das so ist und es stellte sich heraus, dass das keine Anweisung war, die wussten von nichts. Die Absprachen zwischen der Klinik und dem ASD funktionierten überhaupt nicht. Es wurde mir auch gesagt, wenn der ASD gewusst hätte, dass Klara gesagt wurde, wenn sie "lieb" sei, dürfe sie an Weihnachten nach Hause, wäre es anders gelaufen. Das ist nur eines von mehreren Beispielen. Ich bin fassungslos, mit welcher Macht versucht wurde, das Kind zur Mitarbeit zu bewegen. Dann bekam ich Post, dass ich ab dem 1. Februar 2019 nicht mehr Klaras Pflegemutter war.

5

Anfang Februar teilte der Vater mir mit, dass er jetzt das Sorgerecht für Klara habe (dazu äußere ich mich besser nicht). Er teilt es mit der Mutter. Er hat mir gleich gesagt, dass er jetzt entscheidet, ob ich seine Tochter sehen darf oder nicht und dass ich es jetzt zurückbekomme, dass ich ihn im November 2016 nach der OP nicht zu seiner Tochter gelassen hatte. Er sagte, ich habe Ihnen damals gesagt, Sie werden sich noch an den Tag erinnern und sie werden dafür büßen. Da ja Elternrechte über allen Rechten stehen, hatte ich keine Handhabe dagegen. Im Februar hatte Klara Geburtstag. Auch da habe ich gefragt, ob wir wenigstens eine Stunde zu ihr dürfen, es wurde abgelehnt. An Geburtstagen, Fasching, Ostern, egal was war, war sie vorher immer schon so aufgeregt, hat geplant und gemacht und sie hat sich immer sehr darauf gefreut. Einen Tag vor ihrem Geburtstag bin ich wieder zur Klinik gefahren. Ich hatte ihr einen Kuchen gebacken und die Geschenke mitgenommen. Es wurde wieder draußen alles in Empfang genommen. An ihrem Geburtstag durften wir sie anrufen. Sie hat so sehr geweint am Telefon, es war grausam. Sie sagte, du hast mir ja einen Kuchen gebacken, ich habe es sofort gesehen. Wann hast du den geschickt? Ich lenkte ab und fragte, ob sie schön gefeiert hat, sie sagte, nein, ich möchte nicht, wir haben nur Kuchen gegessen. Luisa hat an dem Tag viel geweint und sie war unendlich traurig. Als die Faschingszeit begann, habe ich ihr ein Päckchen geschickt mit verschiedenen Kostümen. Sie wollte kein Fasching feiern, sie sagte, ich habe keine Lust. Ende Februar war wieder ein runder Tisch in der Klinik. Ich wurde eingeladen, weil ich sie in die Klinik gebracht hatte und weil ich die soziale Familie sein würde. Wieder waren alle anwesend, dieses Mal noch der Vater mit seiner Anwältin. Zuallererst hat er gesagt, dass er jetzt das Sorgerecht hat und hat aufgezählt, was er jetzt alles möchte. Man hörte ihm einen Moment zu, dann wurde ihm gesagt, dass es hier nicht um ihn gehe, sondern um das Kind. Bei dem Gespräch ging es um die Fortschritte. Sie würde sich nach wie vor nicht gut einbringen. Die neue Psychiaterin sagte plötzlich, Klara sei jetzt schon zu lange hier und in spätestens 14 Tagen müsse sie die Klinik verlassen. Das war heftig, denn noch immer war keine geeignete Wohngruppe gefunden. Klara wurde stets abgelehnt, weil der Bericht über sie so heftig war, dass alle Angst hatten, dass sie die Gruppe sprengen würde. Mir wurde bei dem Gespräch nur mitgeteilt, dass ich sie noch immer nicht besuchen dürfe, da sie zu viel Heimweh hat. Der Telefonkontakt blieb zum Glück bestehen. Anschließend durfte ich für 15 Minuten zu ihr. Sie saß auf meinem Schoß, wir haben Bilder vom Baby angeschaut. Daneben saß eine Betreuerin. Als ich ging, sagte ich ihr, sie solle nicht weinen, sondern dankbar sein, dass wir uns überhaupt sehen durften. Am Telefon hat sie mir dann immer berichtet, wer bei ihr war wegen der Wohngruppe und auch, wenn abgesagt wurde. Es war eine nervenaufreibende Zeit, wir hatten Angst, dass sie weit wegkommt. Dann bekam ich einen Anruf vom ASD, dass sie eine Wohngruppe gefunden haben. Es sei eine ganz neue Einrichtung und Klara wäre das erste Kind dort. Die Einrichtung ist nur acht Kilometer von uns entfernt. Ich habe mich so sehr gefreut. Aber dann hieß es, dass ich wochenlang keinen Kontakt zu ihr haben dürfe, damit sie sich an die neue Einrichtung gewöhnen könne. Ich habe ihr dann am Telefon gesagt, dass ich mich so sehr freue, dass sie in unsere Nähe kommt. Ich sagte ihr, auch wenn wir nichts voneinander hören, weißt du, dass ich an dich denke. Am 15.März wurde sie dann von ihrer ehemaligen Betreuerin abgeholt. Dieser erzählte sie auf der Fahrt, dass ich gesagt hätte, sie müsse nur, bis sie zwölf Jahre alt ist, in der Wohngruppe bleiben, dann dürfe sie wieder zu mir. Mir sagte sie am Telefon, dass die Psychiaterin ihr das gesagt hatte, und ich gab ihr zur Antwort, dass ich das nicht gehört habe und dass es nicht stimmt. Die Betreuerin hat das dann gleich dem ASD gesagt und wieder bekam ich einen Termin zum Gespräch. Dort wurde ich gefragt, wie ich dazu käme, Klara so etwas zu sagen, ich konnte es aber klären. Die neue Wohngruppe hat eine Außenstelle, dorthin habe ich Ihre Sachen gebracht. Schreiben durften wir uns immerhin. Am Anfang, als Klara so nah bei uns wohnte und ich mit dem Auto an dem Gebäude vorbeigefahren bin, ging es mir jedes Mal sehr schlecht und ich versuchte, so wenig wie möglich in die Stadt zu fahren. Zu Hause warteten wir gespannt auf den Anruf der Wohngruppe. Dann endlich, nach sechs langen Wochen, kam er. Ich war so aufgeregt. Ich lernte die Bezugsbetreuerin und den Chef der Einrichtung kennen. Ich habe von Klara erzählt, wie sie früher war, bevor sie in die Klinik ging, sagte, dass ich der Meinung bin, dass die dort das Kind

„kaputtgemacht" haben, dass ich entsetzt bin, wie dort mit Kindern umgegangen wird. Dass es kein Wunder ist, dass sie so geworden ist, sie sollen sich mal vorstellen, was das für das Kind bedeutet, fünf Monate lang keinen Kontakt zu Menschen, die ihr nahestehen. Ich musste einfach mal meinen Frust los werden. Ich musste einen Vertrag unterschreiben, damit ich sie alle vier Wochen für eine Stunde sehen darf, mit der Bezugsbetreuerin zusammen. Auch musste ich versichern, dass ich während des Kontaktes nichts sage oder tue, was ihr schädlich sein könnte, ansonsten würde der Besuch abgebrochen werden. Ich konnte es nicht fassen, sie war fünf Jahre bei mir und nun musste ich wegen einer Stunde im Monat einen Vertrag unterzeichnen.

Dann kam endlich der große Tag. Ich war etwas früher da. Endlich sah ich sie wieder. Sie stand zuerst da, ganz steif und dann hat sie angefangen zu weinen. Ich habe sie ganz fest in meinen Arm genommen, habe gesagt, endlich, endlich darf ich dich wiedersehen. Sie setzte sich gleich auf meinen Schoß und mit der Zeit wurde sie lockerer. Die eine Stunde ging so schnell vorbei. Sie zeigte mir noch ihr Zimmer, das wirklich sehr schön ist. Überall hatte sie Fotos von uns hängen. Die Verabschiedung verlief gut, ohne Tränen. Ich hatte das Gefühl, dass sie gelöster wirkte. Von der Betreuerin bekam ich die Rückmeldung, dass ihr der Besuch gutgetan hätte. Das Thema Schule war auch aktuell. In dem Schuljahr war sie kaum in der Schule. Aufgrund des Abschlussberichtes der Klinik war sie nur mit einem Schulbegleiter beschulbar. Obwohl auch die Betreuerin meinte, dass es ohne geht, wollte der Schulleiter die Absicherung. Wenn ich mit ihr telefonierte, sagte sie jedes Mal, sie hätte keine Schuhe mehr. Das ging mehrere Wochen so. Auf gut Glück habe ich welche gekauft und sie der Betreuerin mitgegeben. Diese sagte, ohne Kommentar wird Klara die Schuhe anziehen, schon allein, weil ich sie gekauft hatte. So war es auch. Die Betreuer hatten wohl lange versucht, mit ihr welche zu kaufen, aber sie hat bei allem nur gemeckert. Jetzt ist das aber kein Problem mehr, sie geht gerne mit ihrer Betreuerin einkaufen. Bis zum nächsten Besuchskontakt durften wir wieder einmal wöchentlich telefonieren. Als ich im Juni 2019 anrief, hieß es, Klara sei noch in einem Gespräch und sie würden zurückrufen. Als sie zurückriefen, kam sie als Telefon und hat so sehr geweint.

Zuerst konnte ich sie gar nicht verstehen. Auf einmal sagte sie, du bist ja gar nicht mehr meine Pflegemama, warum bist du das nicht mehr? Hast du mich jetzt nicht mehr lieb? Du hast doch gesagt, du bist immer für mich da? Warum nur?

Ich war so erschrocken und auch nicht darauf vorbereitet. Es hat länger gedauert, bis ich sie beruhigen konnte, bis ich überhaupt zu ihr durchgedrungen bin. Ich sagte ihr, dass es egal ist, was auf dem Papier steht, wichtig ist, was wir im Herzen haben, dass sie ganz tief und fest in meinem Herzen ist und dass ich, solange sie es möchte, für sie da sein werde. Dass ich sie sehr liebe und mir alles so leidtut. Dann sagte ich ihr, dass ich schon seit Februar nicht mehr ihre Pflegemama bin und fragte sie, ob sie es gemerkt hat. Mit der Zeit hat sie sich dann beruhigt. Sie erzählte mir, dass am nächsten Tag eine Gerichtsverhandlung ist und dass die Mama auch kommt. Wegen des Gerichtstermins hatten sie also mit ihr gesprochen. Da ging es darum, dass das Sorgerecht auf beide Elternteile übertragen werden sollte. Die Verhandlung lief wohl nicht so gut, mir wurde anschließend erzählt, dass die Richterin mit Klara gesprochen hat und und es ihr erklärt hat. Dann hatte sie Klara gefragt, ob es für sie in Ordnung sei, dass sie keine Pflegefamilie mehr habe und die leiblichen Eltern wieder für Sie zuständig sind. Da schrie sie wohl, nein, das ist nicht in Ordnung, ich möchte zu meiner Pflegemama. Die Richterin sagte ihr, dass sie das aber beschlossen haben, daraufhin ist sie ganz wild geworden und hat ihr gegen das Schienbein getreten. Als ich das hörte, wusste ich sofort, dass ich wieder zum Jugendamt zitiert werden würde, und so war es auch. Es wurde mir mitgeteilt, dass drei Mitarbeiter des Jugendamtes bei dem Gespräch anwesend seien und dass ich mir gerne Unterstützung mitbringen könne. In dem Brief stand auch, dass ich mich nicht an die Regeln halten würde und dass wir noch einmal über die Besuchskontakte reden müssten. Ich rief gleich bei der Erziehungsstelle an und fragte, ob ich begleitet werden könne, denn das war mir dann doch zu heikel. Dann habe ich einen Anwalt kontaktiert und ihm am Telefon erklärt, um was es ging, und ich bekam gleich am nächsten Tag einen Termin bei ihm. Als ich dort war und ihm grob erzählte, was alles passiert war, schüttelte er oft den Kopf. Er meinte, so etwas habe er noch nicht erlebt und das sei ein harter Brocken. Auch sagte er mir, dass das Jugendamt wisse, dass kein Richter mir das Umgangsrecht absprechen würde, da Klara länger als die Hälfte ihres Lebens bei mir war und es bewiesen ist, dass sie eine feste Bindung zu mir habe. Am Tag des Gespräches war ich sehr aufgeregt.

Die Mitarbeiterin vom ASD kam gleich zur Sache. Sie sagte, dass ich nicht mit dem Vater kooperieren würde und wie ich dazu käme, ihn über WhatsApp zu belästigen. Zum Glück hatte ich mein Handy dabei und konnte ihr vorlesen, was ich geschrieben hatte und was er mir geantwortet hatte. Ich hatte ihn, nachdem er das Sorgerecht bekommen hatte, gefragt, ob ich Klara sehen dürfe und er hat mir eine Sprachnachricht geschickt, in der er mir mitteilte, dass er es bestimmt und sonst keiner, eben wieder das, dass ich jetzt sehe, wie es ihm damals ging usw. Sie sagte, ich dürfe nicht mit den Eltern sprechen und wenn ich mich nicht an die Anweisungen hielt, dürfe ich Klara nicht mehr sehen. Mir wurde ganz schlecht. Daraufhin habe ich meine Unterlagen vom Anwalt herausgeholt und gesagt, was mir mein Anwalt sagte. Da war erstmal Stille und dann wurde auch etwas freundlicher mit mir gesprochen. Sie sagten, wie wichtig es sei, dass Klara sich einlebt, sagten, wo sollen wir denn hin mit ihr, wenn sie da nicht bleiben kann? Ich sagte der Mitarbeiterin vom ASD, dass ich sie bei jedem Telefonat bestärke, so gut es geht und dass ich nichts dafürkann, wenn sie solches Heimweh nach mir hat. Am Schluss blieb dann alles beim Alten, einmal wöchentlich telefonieren und alle vier Wochen für eine Stunde in Begleitung sehen. Als ich am nächsten Tag mit ihr telefonierte, fragte ich sie, warum sie der Richterin ans Schienbein getreten hat. Sie erklärte mir, dass sie so wütend war, weil alle immer fragen, was sie möchte, aber am Ende wird doch gemacht, was die anderen möchten, das hatte sie ganz wild gemacht.

Ich finde es ganz schlimm, was das Kind erleben muss. Die Wohngruppe ist gut, keine Frage, aber das Drumherum finde ich persönlich allerhand. Sie wird behandelt wie ein jemandes (nur wessen?) Eigentum und manchmal habe ich das Gefühl, dass ein Zirkus um sie gemacht wird, das ist nicht mehr normal. Im Juni war dann der nächste Besuchskontakt. Dieses Mal war sie gleich zu Beginn ganz locker. Sie hat viel gefragt über die Menschen aus ihrem früheren Umfeld, besonders nach Luisa. Die Verabschiedung war gut. Anschließend habe ich die Betreuerin gefragt, ob sie auch findet, dass ich für Klara schädlich sei, sie sagte, nein, sie freut sich sehr auf Ihren Besuch und es tut ihr gut. Das hat mich beruhigt, da ja der ASD immer total panisch wurde, wenn ich in Klaras Nähe kam. Zwischendurch hatte ich wirklich viele Durchhänger und Selbstzweifel und es ging mir nicht gut mit der Situation. Klara schrieb mir öfter Briefe, dass sie viel weine und solches Heimweh nach mir hat. Ich bin oft in der Küche gesessen und habe auch viel geweint. Beim nächsten Telefonkontakt erzählte Klara mir, dass sie Streit mit ihrem Vater hatte. Sie hat wohl etwas wegen mir gesagt, da sagte er, er alleine bestimme, ob wir uns sehen dürfen und sonst niemand. Da ist sie wütend geworden und hat das Gespräch beendet. Sie wollte von mir wissen, ob das stimmt und ich musste es leider bestätigen. Ich finde es unglaublich, aber so ist es hier in Deutschland.

Beim nächsten Kontakt sagte sie, sie dürfe ihr Handy wiederhaben. Ich fragte nach und es hieß, ja, wir können es ihr nicht verbieten. Der Betreuerin sagte ich, dass ich aber nicht dafür garantiere, dass sie sich nicht mit uns in Verbindung setzt. Es hieß, dann ist das so. Natürlich war es so. Sie rief öfter an, hat viel über WhatsApp geschrieben und Fotos und Filme geschickt. Oft hat sie mir unendlich traurige Videos geschickt, die sie aus Fotos gemacht hatte, mit Liedern, die zu der Situation passen, wie zum Beispiel: „Ich will dich nie verlieren" oder Sprüche wie „Danke, dass ich bei dir sein durfte, du bist die beste Mama der Welt". Da ich nie die Möglichkeit hatte, mit ihr über die ganze Situation zu sprechen, habe ich ihr einen Brief geschrieben. Den Brief musste ich beim ASD abgeben, damit sie es lesen können, damit nichts Schädliches für sie darinstand. Vier Wochen hat es gedauert, bis ich die Rückmeldung bekam, dass es in Ordnung ist. Allerdings durfte ich nicht dabei sein, als sie ihn bekam. Die Betreuerin musste ihn ihr vorlesen. Ich fragte nachher, wie sie darauf reagiert hat und es kam die Rückmeldung, dass sie sehr geweint hat.

6

Im Juni 2019 war meine Mutter mit meiner Schwester zu Besuch bei uns. Da es absehbar war, dass dies der letzte Besuch meiner Mutter bei uns war, fragten wir nach, ob es möglich wäre, dass meine Mutter Klara noch einmal sehen dürfe. Sie hatten eine gute Beziehung zueinander und meiner Mutter tat es weh, was mit Klara passierte. Ich rief in der Wohngruppe an, die Betreuerin dort musste sich an den ASD wenden. Zum Schluss war es so, dass es nicht ging, es sei zu kurzfristig, man müsse beide Elternteile um Erlaubnis bitten und das ginge nicht so schnell. Meine Mutter war sehr traurig. Im Sterbebett sagte sie, jetzt habe ich Klara doch nicht mehr gesehen. Das war sehr schlimm für sie. Im September 2019 heiratete mein Sohn. Ich fragte, ob es eine Chance gäbe, dass sie vielleicht teilweise daran teilnehmen dürfe, da er ja auch fünf Jahre lang ihr Bruder gewesen war. Das Jugendamt gab das Okay, und es war verwunderlich, auch beide Eltern gaben ihr Einverständnis. Im Juli fuhr ich mit Luisa zur Kur. Das war für Klara sehr schwierig, sie hat mir viele Videos geschickt und ich musste aufpassen, dass es mich nicht runterzog. Nach der Kur hatte ich gleich Besuchskontakt. Ich erfuhr, dass Klara zur Hochzeit mitdurfte, allerdings nur mit einer Begleitperson. Mein Sohn tat sich etwas schwer damit, sagte aber, meinetwegen, sonst heulst du eh nur den ganzen Tag und wenn es euch guttut, ist es okay. Klara wollte von Anfang an dabei sein. Seit August 2019 ist sie wieder in der Schule. Es gefällt ihr gut, allerdings sagt sie, sie werde viel geärgert, die Mitschüler sagen zu ihr, sie sei ein Psycho, weil sie in einer Wohngruppe lebt und dass sie keine Mama hat. Das macht sie wütend, deshalb schreit und schlägt sie um sich.

Klara hat wieder mit der Therapie begonnen bei der Psychologin, bei der sie schon war, als sie noch bei mir war. Dort weint sie viel. Ich habe Hoffnung, dass die Psychologin ihr etwas helfen kann, ich denke, sie ist dort gut aufgehoben. So oft tut es mir leid, wenn ich sehe, wie traurig sie ist, dass sie so viel weint, so unglücklich ist. Meine Supervisorin musste viel leisten, denn ich gab und gebe mir immer noch die Schuld, dass sie das erleben muss. Was wäre die Alternative gewesen? Ich hätte sie so gerne bei mir gehabt, habe mir das so vorgestellt, dass ihr in der Klinik geholfen wird, dass sie anschließend zur Therapie geht und ich sie weiter unterstütze. Zuhause hätte ich auch alle Hilfe in Anspruch genommen, aber wir bekamen keine Chance, man kommt nicht dagegen an.

Manchmal habe ich das Gefühl, dass Klara in der Wohngruppe angekommen ist. Dann freue ich mich, denn ich wünsche mir so sehr, dass sie glücklich und zufrieden ist. Die Mitarbeiter des ASD und des Jugendamtes haben eine unheimliche Macht, mein Selbstbewusstsein hat sehr gelitten. Ganz oft habe ich mich gefragt, was ich falsch gemacht habe, dass sie mich so behandeln und so gegen das Kind und seine Gefühle arbeiten. Wenn sie weint, muss ich sagen, du hast es doch schön hier und ich komme dich besuchen. Ich darf nicht sagen, du fehlst mir auch so, sonst heißt es wieder, ich würde sie nicht loslassen und deshalb lässt sie sich nicht auf die Wohngruppe ein. Es war wirklich wie verhext und ich hatte permanent ein schlechtes Gewissen. Der Besuchskontakt im September war schön. Wir haben etwas zusammen für die Hochzeit gebastelt, hatten viel Spaß. In einer anderen Einrichtung war Sommerfest. Luisa und Klara hatten sich verabredet, nachdem ich gefragt hatte, ob die Gruppe auch dort ist. Luisa hatte sich sehr gefreut. Als wir dort waren, lief sie gleich los, um Klara zu suchen. Auf einmal kam sie ganz aufgelöst zu mir. Sie bekam eine Nachricht, dass die Wohngruppe nicht kommt, weil sich ein Kind danebenbenommen hatte. Luisa war so sehr enttäuscht. Sie hat sich ins Auto gesetzt und war nicht mehr zu bewegen, etwas zu unternehmen. Das tat mir so leid. Sie wurde nie gefragt, wie es ihr mit der Situation geht. Ich habe in ihre Entwicklungsberichte geschrieben, dass es ihr nicht gutging damit, es kam keinerlei Reaktion. Klara bekam gesagt, dass sie nur zur Hochzeit darf, wenn sie lieb ist. Ich war sehr gespannt, ob sie es schafft, denn sie hatte viele Wutausbrüche. Luisa sagte, wenn sie nicht darf, gehe ich auch nicht. Mein Bluthochdruck hat mich in diesen Tagen sehr belastet, einmal musste ich sogar nachts den Notarzt anrufen. Die Ärztin fragte mich, ob ich in letzter Zeit Stress hatte.

Beim nächsten Telefonat fragte Klara, ob ich nicht mal in der Schule anrufen würde, weil sie so geärgert wird. Ich sagte ihr, dass ich das nicht mehr darf, obwohl ich es gerne getan hätte. Aber die Erfahrungen der letzten Monate haben mich geprägt. So erklärte ich ihr, dass ich nichts tun werde, was und gefährdet und dass wir froh und dankbar sein müssen, dass wir uns einmal im Monat sehen dürfen und auch telefonieren. Da ich öfter gehört hatte, wenn Sie das tun, passiert dies und das, war ich vorsichtig geworden. Zwei Wochen vor der Hochzeit bekamen wir endlich Bescheid, dass Klara mitkommen durfte. Wir haben uns so sehr gefreut. Die Therapeutin hat wohl mit der Bezugsbetreuerin gesprochen, dass es wichtig für sie sei, an dem Fest teilzunehmen. Diese Betreuerin ist wirklich sehr nett und ich sage Klara immer wieder, dass sie dankbar sein soll, dass sie diese bekommen hat. Die Feier war wunderschön. Klara hat den ganzen Tag gestrahlt, Luisa war gelöst wie lange nicht. Die Betreuerin war doch nicht dabei, weil es in der Gruppe einen Engpass gab. Endlich konnte Klara auch mal den Kleinen sehen, mittlerweile war er schon fast neun Monate alt. Sie hat bei Spielen mitgemacht und war einfach nur glücklich.

Gegen Abend sagte ich, dass ich jetzt in der Wohngruppe anrufen muss, weil die Zeit zum Abholen gekommen war. Da hat sie sehr geweint. Ich habe sie in den Arm genommen und ihr gesagt, dass sie nicht traurig sein soll, sondern sich daran freuen soll, dass sie dabei sein durfte. Ich sagte ihr, dass es eine besondere Ehre für uns war, dass sie das Vertrauen bekommen hat, dass sie das erleben darf und wenn sie traurig ist, soll sie an die schönen Momente denken. Danach hat sie sich von allen verabschiedet. Draußen haben wir drei uns fest umarmt, dann kam das Auto, um sie abzuholen. Sie ist eingestiegen und hat nicht mehr hochgeschaut. Am Ende war es so, dass ich erst einmal geweint habe und Luisa wollte gleich nach Hause. Trotzdem war ich beseelt, dass sie dabei war. Als Rückmeldung kam, dass keinerlei negative Reaktionen kamen, Klara hat tagelang davon erzählt. Anfang Oktober kamen die Fragen der Kinder wegen Weihnachten. Jetzt musste beantragt werden, dass sie für einige Stunden kommen darf. Auch stand wieder der Todestag meines Mannes an. Da ich Klara kenne, wusste ich, dass es ihr an dem Tag nicht gutgehen würde. Sie hält sich immer an irgendwelchen Daten fest. Sie kam wirklich an dem Tag zu uns, mit der Betreuerin. Es war so schön, sie mal wieder im Haus zu haben. Ganz genau auf den Tag war es ein Jahr her, seit sie nicht mehr hier war. Ich habe zwei

Ballons gekauft, die die Mädels in den Himmel schickten. Anschließend waren sie nur oben und haben gespielt und ich saß mit der Betreuerin in der Küche. Über zwei Stunden waren sie da. Als sie gingen, war Klara glückselig, sie hat so gestrahlt. Luisa hat sich danach ins Bad eingeschlossen und kam lange nicht heraus. Wegen Weihnachten war immer noch nichts entschieden. Eine Woche vorher rief die Betreuerin an und sagte, dass sie mit Klara noch einmal für eine Stunde kommen muss, weil seitens des ASD getestet werden sollte, ob es für sie tragbar ist. Wir haben uns natürlich sehr gefreutt.

Am 21. Dezember kam endlich der Anruf, dass sie am 2. Weihnachtsfeiertag nachmittags kommen darf, und zwar allein. Da Luisa hier im Haus ohne Klara kein Weihnachten mehr feiern möchte, waren wir wieder bei meiner Schwester eingeladen. Am 26. Dezember fuhren wir wieder zurück, da Klara um 15 Uhr gebracht wurde. Sie durfte bis 19.30 Uhr bleiben. Diese Stunden waren sehr kostbar für uns. Ich musste alles genau so machen wie immer. Wir hatten eine wunderschöne Zeit zusammen. Als ich sie zurückbrachte, habe ich noch mit ihr gesprochen, dass sie nicht weinen soll, dass sie dankbar sein soll und uns fest im Herzen bewahren soll. Nachdem ich sie abgegeben hatte, bin ich ewig im Auto gesessen und habe geweint. Für Luisa war es auch schön.

Silvester wollte Luisa nicht feiern. Ich hatte auch keine Lust. Für Luisa hatte ich eine Freundin eingeladen, deren Mutter arbeiten musste. Nach 22 Uhr hat Klara angefangen, mich anzuschreiben. Sie hat unendlich viele weinende Smilies geschickt und ganz oft geschrieben, dass sie Heimweh hat, dass sie nach Hause möchte. Mir hat mein Herz geblutet. Bis nachts um 1.30 Uhr hat sie geschrieben. Die Betreuerin sagte, dass es in der Nacht schwierig mit ihr war.

7

Ab Januar 2020 durfte Luisa ganz offiziell mit in die Wohngruppe. Welcher Fortschritt. Es wurde wieder eine große Runde gemacht. Klara sollte ihre Wünsche aufschreiben. Sie schrieb auf, dass sie mehr Besuchskontakt zum Vater wolle und unbegleitet. Wir waren total erstaunt darüber, denn sie betonte eigentlich immer, dass sie ihn nicht mag. Also, was steckte dahinter? Die Betreuerin bekam heraus, dass Klara dachte, wenn sie anständig zu ihm ist, erlaubt er vielleicht, dass wir uns öfter sehen dürfen. Das muss man sich mal vorstellen. Eines Morgens rief mich die Betreuerin an und sagte mir, dass die Psychologin empfohlen hätte, dass Klara stationär in eine Klinik in ein anderes Bundesland solle, weil sie zu viele Traumata hat, die intensiv bearbeitet werden müssen. Mir wurde ganz schlecht, denn ich musste sofort an die andere Klinik denken und wie es ihr dort ergangen war. Als ich mit Klara telefonierte, erzählte sie es mir recht freudig, was mich sehr erstaunte. Sie erklärte mir, dass es etwa 140 Kilometer seien und ob ich so weit fahren würde. Ich sagte ihr, wenn es mir erlaubt wird, auf jeden Fall. Beim nächsten Telefonat stellte sich heraus, dass sie dachte, es sei wie in der anderen Klinik, ich käme einmal in der Woche und an den Wochenenden dürfe sie zu mir. Ich musste ihr dann erklären, dass dem nicht so ist, dass ich wieder Anträge stellen muss, damit ich sie überhaupt sehen darf. Als ich ihr sagte, dass sie an den Wochenenden dann in die Wohngruppe geht und nicht zu uns, weinte sie und sagte, dann möchte ich da nicht hin.

Im Februar an Klaras 11. Geburtstag durften Luisa und ich in die Wohngruppe kommen, um mit ihr Geburtstag zu feiern. Ich habe ihr ihren Lieblingskuchen in Form eines Pferdekopfes gebacken und wir hatten einige Geschenke dabei. Ab 15 Uhr durften wir kommen. Es war so schön, den Kuchen haben wir mit der ganzen Gruppe gegessen. Sie hat so gestrahlt, es war herrlich, sie so gelöst zu sehen. Anschließend sind wir drei ins Wohnzimmer, dort hat sie die Geschenke ausgepackt. Luisa und sie haben gespielt, ich saß dabei und habe mich gefreut. Bis 19 Uhr durften wir bleiben. Den Kindergeburtstag wollte sie später feiern. Luisa war auch eingeladen. Eine Woche später, zu Fasching, bin ich zu meiner Mutter gefahren. Es stellte sich heraus, dass es ihr nicht gut ging und ich hatte das Gefühl, dass ich bleiben müsse. Ich habe beim Jugendamt angerufen und gefragt, ob ich Luisa irgendwo unterbringen kann. Sie konnte in eine andere Wohngruppe gehen, in der gleichen Kleinstadt. Dienstagsabends bin ich 300 Kilometer zurückgefahren, habe mit Luisa gesprochen, Taschen gepackt und am nächsten Morgen habe ich alles dorthin gebracht und bin wieder zu meiner Mutter gefahren. Luisa war traurig, dass sie nicht zu Klara durfte, ich erklärte ihr aber, dass es schwierig für Klara sei, wenn ich sie dann wieder abhole. Das hat sie verstanden. Da ich Angst hatte, dass die zwei sich in der Stadt begegnen, habe ich der Betreuerin angerufen und sie informiert. Sie sagte, ich solle es ihr beim nächsten Telefonkontakt einen Abend später sagen. Die Betreuerin holte Luisa auch zu der Geburtstagsfeier von Klara ab. Am Telefon sagte ich ihr, dass Luisa in der anderen Wohngruppe ist, da ich bei der Oma bin und es dieser nicht gutging. Sie wollte mit der Oma sprechen, aber das ging nicht mehr. Sie hat so sehr geweint, ich habe lange gebraucht, bis ich sie beruhigen konnte. An dem Tag, an dem Klara ihren Geburtstag feierte, ist meine Mutter verstorben.

Abends habe ich dann Luisa angerufen, weil ich es versprochen hatte. Sie wollte mir von der Feier erzählen. Es hat ihr sehr gut gefallen. Ich sagte ihr dann, dass ich am Montag wiederkomme. Als ich wieder daheim war, rief ich der Betreuerin an und sagte ihr, dass meine Mutter gestorben war. Sie erwiderte, sie möchte gerne, dass ich es Klara selbst sage, das stünde ihr nicht zu. Wir machten einen Termin für einen Besuchskontakt. Am anderen Tag war ich in der Stadt, da kam sie plötzlich auf mich zu gerannt. Sie strahlte und sagte, das ist gut, dass ich dich sehe, schau mal, was ich für Oma gemacht habe, das kannst du gleich mitnehmen. Sie hatte ein kleines Holzherz, darauf hatte sie geschrieben, für die beste Oma der Welt, ich hab' dich lieb, deine Klara. Ich musste sehr schlucken, sagte ihr, dass es wunderschön ist und verabschiedete mich recht schnell. Beim Telefonkontakt hat sie wieder gefragt, wie es der Oma geht, ich habe wieder abgelenkt. Es waren ja nur noch vier Tage bis zum Kontakt, wo ich es ihr sagen wollte.

Dann war endlich der Termin. Ich hatte mich gut vorbereitet, weil ich wusste, dass sie sehr weinen wird. Zwei Stunden vorher klingelte mein Handy. Es war die Betreuerin von Klara. Sie sagte, setzen Sie sich mal, ich muss ihnen etwas sehr Unangenehmes mitteilen und es fällt mir nicht leicht, aber ich muss. Der Vater von Klara hatte angerufen und wollte mit ihr sprechen. Sie wollte nicht. Daraufhin ist er wütend geworden, dass er ab sofort Kontaktverbot zwischen ihr und mir aussprach. Er sagte, so lange sie nichts mit mir zu tun haben will, darf sie DIE auch nicht sehen. Sie müsse erst mit ihm telefonieren, bevor er über etwas anderes nachdächte. Auch keine Telefonkontakte waren mehr erlaubt und sie musste ihr Handy abgeben, damit sie mich nicht anrufen kann. Ich war sprach-und fassungslos. Sie sagte, es tue ihr sehr leid, aber sie müssen sich daranhalten, das sind die Gesetze. Klara ist wohl total zusammengebrochen, deshalb rief die Betreuerin noch einmal beim Vater an, sie schilderte ihm, dass es ihr sehr schlecht damit ging. Luisa hat sehr geweint, sie sagte, geht jetzt wieder alles von vorne los?

Als die Beerdigung war, ging Luisa wieder in die andere Wohngruppe, sie wollte nicht mit. Nach der Beerdigung hatte ich mein Handy wieder eingeschaltet. Ich sah, dass Klaras Wohngruppe angerufen hatte und ich rief gleich zurück. Sie teilten mir mit, dass ich wieder mit ihr telefonieren dürfe. Beim nächsten Telefonkontakt einen Tag später wusste sie ja immer noch nicht, dass die Oma gestorben ist. Wieder fragte sie, ich lenkte wieder ab. Das ging vier Wochen so und es ging sehr an meine Substanz. Wir hatten Hoffnung, dass der Vater sich vielleicht umstimmen ließ, aber dem war nicht so. Als ich an einem Wochenende wusste, dass die Bezugsbetreuerin Dienst hat, rief ich an und sagte ihr, dass ich es so nicht mehr tragen kann. Nach einigem Überlegen, wie wir es am besten machen, sind wir zu dem Entschluss gekommen, dass ich es ihr doch am Telefon sage, die Betreuerin aber bei ihr ist und sie auffängt. Klara hat so sehr geweint. Ich habe ihr gesagt, dass die Betreuerin sie tröstet für mich und dass es mir sehr leidtut, dass ich jetzt nicht bei ihr sein kann. Als Rückmeldung kam später, dass es sehr lange dauerte, bis sie sich wieder beruhigt hatte. Es tat mir so leid, dass ich sie nicht in den Arm nehmen konnte.

Dann kam das Corona -Virus mit dem Lockdown. Absolute Kontaktsperre überall. Als ich mit Klara telefonierte, sagte sie mir, dass alle nachhause durften, nur sie musste dableiben und noch eine Jugendliche. Ich konnte es nicht fassen, das hat mich so aufgeregt. Ab da hat sie wieder viel geweint bei den Telefonaten, es hieß auch, sie hätte eine beginnende Depression, sie sei viel in ihrem Zimmer und hätte es dunkel gemacht. Das hat mich so wütend gemacht. Ich fing an, meine Gedanken aufzuschreiben. Das Aufgeschriebene war sehr heftig, voller Wut und Anklagen gegenüber dem Jugendamt, dass sie alles zuließen. Ich schrieb, dass ich keine Pädagogik studiert habe, dass ich aber einen gesunden Menschenverstand habe, der mir sagt, warum es ihr so schlecht geht, habe über Gefährdung des Kindeswohles geschrieben. Also nicht harmlos. Ich gab das Aufgeschriebene meiner Supervisorin, diese sagte, den dürfen Sie so nicht abschicken, der ist voller Wut, wir müssen das umformulieren. Was ich schrieb, stimmte wohl, aber sie meinte, der Schuss könne nach hinten los gehen. Am nächsten Morgen beim Frühstück las ich meine Emails, da war ein Antwortschreiben vom Jugendamt, dass sie meinen Brief bekommen haben und dass sie ihn weiterleiten an den ASD.

Was sollte das? Mir wurde heiß und kalt, als mir dämmerte, was passiert war. Ich hatte den Brief gespeichert und dabei unbeabsichtigt versendet. Was ein Schock! Sofort rief ich meine Supervisorin an, diese sagte nur, das ist nicht gut. Danach hat sich einiges getan. Ich bekam einen Anruf von der Leitung des ASD. Sie hat lange mit mir gesprochen und sagte, dass sie mich emotional verstehen kann, aber sie seien an die Gesetze gebunden. Sie sagte mir, dass sie es mit der zuständigen Bearbeiterin bespreche und sich diese bei mir melden würde. Einige Tage später rief sie an. Ich entschuldigte mich zuerst dafür, dass der Brief so formuliert war, sagte ihr, dass ich ihn mit meiner Supervisorin hätte bearbeiten wollen. Allerdings sagte ich ihr auch, dass das alles meine Gedanken und Gefühle sind, und dass ich es nur anders formuliert hätte, wenn wir es bearbeitet hätten. Am Inhalt hielt ich fest. Auch sie sagte, dass sie mich emotional verstehen könne, aber die

Gesetze nun mal so sind, dass die Elternrechte über allem stehen. Wenn die Eltern sich das Sorgerecht teilen, muss es eine 100 - prozentige Übereinstimmung geben und das sei nicht der Fall. Die Mutter war immer damit einverstanden, dass wir uns sehen, nur der Vater nicht.

Ich fragte, ob es eine Chance gäbe, dass ich nicht mehr vom Vater abhängig bin, wenn ich Kontakt zu Klara möchte, da sagte sie, ich könne es gerichtlich klären, dann hätte ich etwas in der Hand. Das musste ich mir überlegen, denn ich bin nicht der Typ, der so etwas macht. Meine Nerven waren ziemlich angespannt. Sie sagte noch, wenn ich vor Gericht gehe, solle ich bitte Bescheid geben, weil sie dann eine Stellungnahme schreiben müssen. Die nächsten Telefonate waren wieder so, dass Klara viel geweint hat. Dann hat es mir gereicht.

Im Mai 2020 suchte ich einen Anwalt für Familienrechte. Da Corona war, musste ich alles am Telefon besprechen. Zuerst war ich sehr aufgeregt. Dann erzählte ich ihm grob die Geschichte und er stellte Fragen. Er sagte, das höre sich gut für mich an und er denke, dass ich gute Chancen habe, Umgangsrecht mit Klara zu erhalten. Er sagte, er werde beide Eltern anschreiben mit meinen Forderungen. Ich bestand darauf, dass er dazuschreibt, dass das Verhalten des Vaters Gefährdung des Kindeswohles ist. Er weiß, dass es Klara damit schlecht geht, und dennoch trägt er seine Wut auf mich und seine Eifersucht auf dem Rücken des Kindes aus. Der Anwalt meinte, ich würde hoch pokern, aber das war mir egal. Ich klagte das Umgangsrecht ein: Ich wollte, dass Klara, wie versprochen, jedes zweite Wochenende zu uns darf, die Hälfte der Ferien, Ostern, Weihnachten, Silvester. Es wurde spannend. Der Anwalt meinte, es wird so sein, dass Sie sicher klein anfangen mit tageweisem Besuch und dann immer schauen, wie es Klara geht, und dann wird es gestaffelt werden. Das ist okay, wenn wir nur wissen, dass wir Aussicht darauf haben, ist es schon gut, sagte ich.

Er schickte mir die Schreiben an die Eltern, sie hatten 14 Tage Zeit, Stellung zu nehmen. Ich informierte die Wohngruppe und den ASD. Ich habe mit der Psychologin gesprochen, sie sagte, sie dürfe nicht mehr mit mir sprechen. Sie sagte nur, sie wünsche mir von

Herzen ganz viel Glück, denn Klara tue ihr sehr leid. Jetzt hatte ich sie schon über drei Monate nicht gesehen, das war schlimm. Ich hoffte so sehr, dass ich bei Gericht etwas erreichen würde, denn die Situation war unerträglich und ich konnte sehr schlecht schlafen, saß halbe Nächte wach im Wohnzimmer. Nach drei Wochen hatte ich wieder einen Telefonkontakt mit meinem Anwalt. Er sagte mir, dass sich beide Elternteile nicht geäußert hätten und dass er das noch nie erlebt hatte. Er wollte wissen, ob ich trotzdem weitergehen möchte. Gar keine Frage. Er stellte noch einige Fragen, und dann stellte er einen Eilantrag bei Gericht. Klara hatte ich nicht informiert, ich wollte nicht, dass sie sich aufregt und vor allem wollte ich ihr keine Hoffnung machen. Am Telefon hat sie nach wie vor oft geweint und gesagt, dass sie mich und Luisa sehen möchte. Am Wochenende war ich einkaufen, plötzlich sah ich sie über die Straße laufen. Wir haben uns so sehr gefreut, haben uns erst einmal festgedrückt. Als sie zurücklief, kamen mir die Tränen. Ich konnte es immer noch nicht fassen, was alles passiert ist. Es tat und tut mir in der Seele weh.

Dann kam der Termin für die Gerichtsverhandlung. Obwohl der Anwalt darum gebeten hatte, den Termin zu berücksichtigen, an dem Klara mit der Wohngruppe unterwegs war, haben sie genau den Termin genommen. Also musste wieder geschrieben werden, dass es nicht ging, und der nächste Termin war erst am 4. September 2020. Das war noch so unendlich lange, es war jetzt erst Anfang Juli. Die Betreuerin rief an und sagte mir, dass sie Klara informiert hat wegen der Gerichtsverhandlung. Anscheinend hat sie wieder so geweint und dann hat sie es ihr gesagt, dass ich diesen Weg gehe. Sie war so wütend auf ihren Vater und sagte, dass sie ihn nie wiedersehen möchte. Dann kam das Schreiben von der Anwältin des Vaters. Was da geschrieben war, war unglaublich. Man merkte, dass sie keine Ahnung von der Situation hatte. Was er behauptete, war zum größten Teil die Unwahrheit. Außerdem war der letzte Satz, dass das, was ich tue, nicht dem Wohl des Kindes diene, unglaublich. Das hat mich sehr aufgeregt. Die Stellungnahme aus der Wohngruppe war sehr positiv für mich geschrieben, was mich sehr freute, auch der ASD hatte sich befürwortend geäußert. Die Mutter ist auch einverstanden. Der Vater aber ist so voller Wut und Hass auf mich, er ist so eifersüchtig. Mittlerweile hatte ich auch etwas Sorge und wollte ihm nicht alleine begegnen. Nach wie vor denke ich, dass er sich noch für die Sache damals im Krankenhaus rächt, er hatte es mir ja angedroht. In den Sommerferien hatte ich Geburtstag. Klara war sehr traurig, dass sie unterwegs war und mich nicht anrufen konnte. Am Abend meines Geburtstages rief plötzlich die Wohngruppe an und Klara war am Telefon. Ich war sehr erstaunt. Sie sagte, sie ist krank geworden und musste abgeholt werden. Ich sagte ihr, dass es mir leidtut, dass sie krank wurde, mich aber sehr freue, dass sie mich anrufen konnte. Sie sagte auch, ja, das ist gut, jetzt können wir doch sprechen. Anschließend bin ich ein paar Tage mit Luisa weggefahren. Da bekam ich einen Anruf von der Betreuerin. Sie teilte mir mit, dass Klara zwei Tage später in die Klinik müsste, wie lange, wusste keiner. Ich war so erschrocken. Sie fragte, ob Luisa noch einmal kommen möchte, um sie zu besuchen. Ich sagte, wir sind ja noch in Urlaub, aber ich spreche mit ihr, ob wir früher zurückfahren wollen. Ich war fix und fertig. Abends durfte ich mit ihr telefonieren. Sie hat so geweint, sagte, dass sie Angst hat, dass sie da nicht hinmöchte. Ich habe sehr lange gebraucht, bis sie sich beruhigt hatte. Sie sagte, was ist, wenn das so wie in der anderen Klinik ist? Wenn ich nicht mehr in die Wohngruppe zurückdarf, in deine Nähe, jetzt, wo ich mich endlich eingelebt habe? Sie war sehr wütend. Ich habe danach mit Luisa gesprochen, habe ihr den Stand der Dinge erklärt. Luisa war sehr traurig und fragte, ob jetzt wieder alles so schlimm wird wie vorher, jetzt, wo es doch gerade ganz gut war. Auf jeden Fall war sie damit einverstanden, dass wir früher fahren, damit sie noch zu Klara gehen konnte. Sie war dann über zwei Stunden dort und es hat beiden gutgetan. Ich habe ihr noch etwas mitgegeben.

Klara hat sich in der Klinik sehr verändert. Es tat weh zu sehen, wie sie mit elf Jahren ihre Kindheit verloren hat. Sie ist so erwachsen geworden und auch manchmal wirklich richtig hart. Als Luisa sagte, dass Klara sich verändert hat, sagte ich zu ihr, dass man sich überlegen muss, was sie alles erlebt hat in den letzten zwei Jahren, dass sie so oft auf sich selbst gestellt war, dass sie so oft solche Angst hatte, so viel alleine aushalten musste, wie sie in der Klinik allein war, was sie aushalten musste, wie sie dort versucht haben, sie zu manipulieren. Ich glaube, es ist nicht zu überhören, dass ich eine unglaubliche Wut auf die Mitarbeiter dort habe. Das ist eine Klinik für psychisch kranke Kinder. Wenn die Kinder nicht das tun, was man dort von ihnen verlangt, wird mit solchen Maßnahmen gegen sie vorgegangen. Das gehört öffentlich gemacht, dachte ich, auch weil ich im Nachhinein mit anderen Eltern gesprochen habe, denen es so ähnlich ging. Nur bei Pflegeeltern ist es noch härter, weil sie absolut herausgezogen werden und überhaupt keine Rechte haben. Dass manche Menschen so etwas noch befürworten, dafür fehlt mir jegliches Verständnis. Oft überlege ich, ob es auch so gekommen wäre, wenn mein Mann noch da wäre. Ich glaube es nicht. Man fühlt sich alleine gelassen und der Macht der Ämter ausgesetzt. Es wäre so einfach für Klara gewesen. Zu befürworten, dass sie Umgang mit einem Menschen haben soll, den sie offensichtlich nicht mag, ist schon schlimm. Dass er über ihr Leben bestimmen kann und es willkürlich auf dem Rücken des Kindes austrägt, kann ich nicht nachvollziehen. Es ist ihm egal, ob es ihr schlecht dabei geht. Das macht so wütend und hilflos zugleich. Zu verbieten, Umgang mit Menschen zu haben, die sie liebt, das ist unverständlich. In der ersten Klinik musste sie unterschreiben, dass sie freiwillig bleibt, danach wird nichts mehr gemacht? Sie muss alles ertragen, ob sie möchte oder nicht? Soll das jemand verstehen? Weil sie nicht an sie herankamen, weil sie angeblich nicht „mitgearbeitet" hat? Ich war so froh, dass es ihr in der Wohngruppe mittlerweile gefiel und schön war auch, dass dass sie wieder Kontakt zu ihrer leiblichen Mutter hat. Das freut mich sehr, denn darunter hatte sie ja jahrelang gelitten, weil es keinen Kontakt gab. Dann kam die Stellungnahme der Anwältin von Klaras Vater zu den Berichten der Wohngruppe und ASD. Sie bemängelten, dass ich mich Klara gegenüber am Telefon nicht zurückhalte, was die Unstimmigkeiten zwischen dem Vater und mir betrifft. Ich hatte ihr nur gesagt, dass ich mich darum kümmere, damit wir uns sehen dürfen. Dann wurde angesprochen, dass ich Klara Rescue-Tropfen und Globoli zum besseren Einschlafen mitgebracht hatte. Es sei unverantwortlich, dass ich so etwas getan habe und die Wohngruppe hätte vorbildlich reagiert, dass sie sie ihr nicht gegeben hätten. Dabei sind das pflanzliche Mittel und ich habe sie der Betreuerin gegeben mit der Bitte, dass sie es ihr geben, weil ihr das Zuhause immer geholfen hat. Es würde auf keinen Fall ein unbegleiteter Umgang gewünscht, damit ich nicht wieder versuche, dass Klara uns gegenseitig ausspiele. Auch stand da, dass Klara nicht umsonst aus der Pflegefamilie in die Wohngruppe wechseln musste. Das hat mich echt getroffen.

10

Jetzt war sie also in der anderen Klinik. Endlich durfte ich mit ihr telefonieren. Sie war sehr aufgebracht, dass sie es gewagt hatten, ihr Blut abzunehmen. In der ersten Klinik hatten es die Ärzte sieben Monate versucht und hatten kein Glück. Deshalb Respekt, dass sie das dort schon nach wenigen Tagen geschafft hatten. Sie hat geschimpft, dass sie nicht raus darf, dass sie das Zimmer teilen muss und über vieles mehr. Auch erzählte sie, dass sie nicht mit zum See wollte zum Schwimmen und sie deshalb an diesem Tag keinen Ausflug mitmachen durfte. Aber sie hat wenig geweint, das hat mich sehr beruhigt. Dass sie höchstens drei Monate bleiben muss, erzählte sie noch. Ich bin überzeugt, dass sie sich auch dort durchkämpft. Drei Wochen vor der Verhandlung hatte ich den letzten Telefonkontakt mit meinem Anwalt. Er sagte, ich solle entspannt bleiben, es sei eindeutig, dass es dem Vater nur um die Wut auf mich geht und nicht um das Wohl des Kindes. Seine Anwältin würde versuchen, das Haar in der Suppe zu finden. Ich sagte ihm auch, dass ich befürchte, dass er in Widerspruch geht und ich dann noch zum Oberlandesgericht muss, aber er sagte, das hätte er bei so einem eindeutigen Fall noch nie erlebt und er sei auch erstaunt gewesen, dass der Vater Prozesskostenhilfe bekommen hatte, obwohl der Fall eindeutig wäre und er gerne öfter solche Fälle hätte.

Nachmittags musste ich dann zur Verfahrensbeiständin von Klara. Ich habe ihr erzählt, um was es geht und warum ich vermute, dass der Vater so handelt. Sie war auch sehr entspannt und sagte, dass sie da keine Probleme sieht, dass es um das Wohl des Kindes geht, dass sie ausschließlich für Klara da ist und dass diese ihr gegenüber klar und deutlich gesagt hat, was sie möchte. Auch wüsste sie nicht, was dagegenspreche, schließlich sei ich Klaras Bezugsperson, die sie jahrelang betreut hat. Über den Vater sagte sie nur, dass es da offensichtlich um etwas anderes gehe und nicht um das Kind. Bis zur Gerichtsverhandlung haben Klara und ich telefoniert, immer dienstags für 10 Minuten. Beruhigend für mich war, dass sie nicht mehr weinte am Telefon und dass sie sagte, es sei auf jeden Fall besser als in der anderen Klinik. Ich bekam den Bericht von der Verfahrensbeiständin. Auch der war positiv geschrieben. Sie hat den Vater telefonisch erreicht und er sagte, er wolle nur das Beste für das Kind, deshalb hätte er so gehandelt, dass Klara erst zur Ruhe kommen soll usw. Ich konnte es nicht fassen. Da sieht man, dass er überhaupt keine Ahnung hat! Außerdem stellte er noch Fragen, die er hoffte, bei der Verhandlung beantwortet zu bekommen, unter anderem, warum Klara ihn nicht sehen möchte, was es mit ihren Selbstmordgedanken auf sich hat und dass er Angst hat, dass diese wiederkommen könnten. Ich habe ihm eine Stellungnahme geschrieben, weil ich das Bedürfnis hatte, ihm auf einige Fragen zu antworten, habe versucht, ihm einiges zu erklären. Warum sie ihn nicht sehen möchte, schrieb ich, das liege auf der Hand und bräuchte keine große Erklärung. Einen Tag vor der Gerichtsverhandlung kam die nächste Stellungnahme seiner Anwältin. Sie schrieb, dass ich das Kind unnötig belaste und ich hätte mit dem Vater persönlichen Kontakt aufnehmen können, dann wäre das dem Kind erspart geblieben und viele Anschuldigungen mehr.

Dann war endlich DER Tag. Ich war so aufgeregt, dass ich in der Nacht kaum ein Auge zu machen konnte. Ich habe mir die schlimmsten Szenarien vorgestellt, dass die Richterin gegen mich ist, dass der Vater ausflippt und lauter solche Sachen. 20 Minuten vor dem Termin musste ich am Gerichtsgebäude sein, um noch einmal mit meinem Anwalt zu sprechen. Als ich ankam, stand der Vater schon mit seiner Anwältin vor dem Gebäude. Ich wusste nicht so richtig, was ich machen sollte. Als sie endlich hinein gegangen waren, bin ich auch durch die Schleuse, und natürlich stand er daneben. Ich grüßte und er drehte sich sofort um. Die Anwältin kam dann hinzu und er sagte ihr etwas, da betrachtete sie mich, so auf die Art, das ist also die, die das Kind so strapaziert

Endlich kam mein Anwalt und wir besprachen noch kurz einige Punkte. Er sagte, ich solle mich locker machen, das wird gut. Auch die Verfahrensbeiständin kam dazu. Dann ging es los. Ich saß ihm gegenüber und ich wusste manchmal nicht, wo ich hinschauen sollte. Die Richterin war sehr sachlich und klar, das hat mir gleich mehr Sicherheit gegeben. Der Vater beschuldigte mich, dass ich schuld sei, dass seine Tochter ihn nicht sehen möchte, auch erzählte er einige Sachen, die einfach nicht korrekt waren. Zu meinem Anwalt sagte ich zu Beginn, dass ich nichts sagen möchte, da ich zu aufgeregt bin, aber manchmal musste ich dann doch etwas dazu sagen, weil es mich bald vom Stuhl gerissen hat. Wenn ich die Aussagen des Vaters korrigierte, wurde er ganz wild und rief, wollen sie mich der Lüge bezichtigen? Ich sagte nein, ich stelle es nur klar. Als seine Anwältin darauf zu sprechen kam, dass die Gerichtsverhandlung unnötig sei und nur eine Belastung für das Kind und ich mich persönlich mit ihm arrangieren hätte können, sagte ich ihr, dass ich das schon einmal versucht hatte, er aber sofort abgeblockt hatte und mir klar zu verstehen gab, dass er alles bestimmt und sonst niemand. Da wurde er wieder aufbrausend und sagte, dass das nicht stimmt. Daraufhin fragte ich ihn, ob er es noch einmal hören möchte, da ich mein Handy dabeihatte. Ich hatte mir die Sprachnachricht gespeichert, die er mir geschickt hatte, in der er nämlich genau das sagte. Da hat er nichts mehr gesagt. Der Anwältin erklärte ich, dass er sich beschwert hatte, dass ich ihn belästige und ich daraufhin das Verbot vom ASD bekam, noch einmal Kontakt zu ihm aufzunehmen. Es war ein ewiges Hin und Her, beide Anwälte wurden auch mal laut. Die Mitarbeiterin vom ASD äußerte sich auch und sie wurde von der Richterin gefragt, ob sie den Umgang befürworte. Die sagte ja, in kleinen Schritten, man müsse immer schauen, wie es dem Kind geht. Auch die Verfahrensbeirätin von Klara sprach sich dafür aus und auch die Mutter wurde gefragt und sagte ja, sie ist dafür. Die Richterin erklärte dann dem Vater, dass es so ist, dass Klara mich als soziale Familie ausgesucht hat und es wichtig für sie ist. Er müsse doch froh sein, dass seine Tochter die Bindung und Sicherheit bei mir hat. Sie sagte, sie sind die Eltern, und auch wenn die Elternrechte über allen Rechten stehen, ist es so, dass Klara sich so entschieden hat. Sie müssen es akzeptieren, denn sie ist elf Jahre alt und bei klarem Verstand. Es hat ihm alles überhaupt nicht gefallen und immer wieder kam er darauf zu sprechen, was er möchte. Ihm wurde mehrfach gesagt, dass es nicht um ihn gehe, sondern einzig und alleine um das Kind. Ich wurde gefragt, wann ich das Kind zuletzt gesehen habe und ich sagte, im Februar. Die Richterin schaute mich ganz groß an und sagte, das ist ja ein halbes Jahr. Sie sagte, das gehe auf keinen Fall, dass dem Kind die Bezugsperson so lange vorenthalten werde. Die Richterin besprach dann mit der Verfahrensbeirätin und der Mitarbeiterin vom ASD, welche Regelung sinnvoll sei.

Es wurde besprochen, dass Klara jedes zweite Wochenende aus der Klinik in die Wohngruppe kommt. An einem Tag darf ich sie für drei Stunden abholen und etwas mit ihr unternehmen. Das würde vier Wochen getestet werden, wenn es gut für sie ist, darf ich, wenn sie wieder ganz hier ist, also wenn die Therapie beendet ist, alle zwei Wochen einen Tag mit ihr verbringen, auch wieder vier Wochen lang, und wenn auch das gut für sie ist, darf sie jedes zweite Wochenende von Samstag 10 Uhr bis Sonntag 17.30 Uhr bei uns sein, also mit Übernachtung. Es müsse immer wieder gut mit ihr bearbeitet werden, dass sie nicht mehr zu mir zurückkommt, aber Zeit mit mir verbringen darf. Das würde ihr vielleicht Sicherheit geben und ihr helfen, besser an ihren Problemen zu arbeiten. Über die Ferienaufenthalte würde man im neuen Jahr sprechen.

Ich fand, das hörte sich toll an.

Die Richterin sagte dann, sie gehe jetzt mal zu dem Kind, um zu erklären, was angedacht ist. Als sie wiederkam, sagte sie, Klara hätte sich sehr gefreut und wäre sehr damit einverstanden. Auch sagte sie, dass sie ihr versprochen hat, dass ich nach der Verhandlung zu ihr hochkomme und sie auch bereit sei, dem Vater zumindest Guten Tag zu sagen. Dann wurde das Protokoll verlesen und sie fragte alle, ob sie damit einverstanden seien. Der Vater sagte dann, er möchte auch Kontakt zu ihr und es wurde ihm gesagt, dass er das jederzeit haben könne, wenn Klara es möchte, aber sie wird nicht gezwungen. Nach der Verhandlung bedankte ich mich bei der Richterin und die Verfahrensbeiständin und mein Anwalt begleiteten mich zu Klara. Als sie mich sah, kam sie sofort her und sie weinte und weinte und lachte und weinte und ich mit ihr. Ich sagte, wir haben es geschafft, ist das nicht toll und unglaublich? Die beiden Juristen haben sich bald verabschiedet und sagten, wir lassen sie lieber mal alleine. Wir sprachen noch eine ganze Weile, dann sagte ich ihr, dass wir jetzt mal runtergehen, weil der Vater wartet. Sie sagte, wenn es sein muss. Er kam gleich auf sie zu und sie wurde ganz steif, sagte aber Hallo.

Auf seine Fragen gab sie keine Antwort. Dann kam die Mutter dazu und nahm sie in den Arm und drückte sie und sagte, jetzt hast du es geschafft, ist das nicht toll, ich freue mich für dich und hab dich lieb. Das hat ihm nicht gefallen und er wurde unruhig, was auch seine Anwältin bemerkte. Sie sagte zu Klara, die Erwachsenen haben jetzt alles geregelt und du kannst auch gerne, wenn du möchtest, deinen Vater anrufen. Da sagte sie, nö. Sie haben sich dann recht schnell auf den Weg gemacht. Wir gingen dann noch zusammen zum Parkplatz und dann verabschiedeten wir uns. Sie hat so sehr gestrahlt, das habe ich lange nicht mehr erlebt und schon alleine das war mir die Aufregung wert.

Jetzt im Nachhinein denke ich, warum habe ich es nicht schon früher gemacht? Die letzten Monate haben mich müde und erschöpft gemacht. Ich frage mich, warum musste es soweit kommen? Als mein Mann so krank war, habe ich einmal in der Woche vom Jugendamt eine Haushaltshilfe für zwei Stunden bekommen. Das war zwar schön, aber keiner hat geschaut, wie es mir mit den Kindern geht. Als ich dann um Hilfe bat und Klara in die Klinik kam, hieß es, ich sei überfordert. Hallo, ich hatte meinen Mann verloren, da stand es mir zu, dass ich erschöpft war, es war ja mit den Kindern auch danach nicht einfach! Hätte man nicht alles anders machen können? Anstatt dass es so gemacht wurde wie am Anfang besprochen, sie geht für sechs Monate in die Klinik und kommt dann wieder, bis dahin musste ein Therapieplatz da sein. Hätte man nicht sagen können, sie kommt wieder und wir stellen Ihnen eine Familienhilfe zur Verfügung? Musste das so sein und immer weitergehen, obwohl das Kind so gelitten hat? Teilweise kam ich mir wirklich wie eine Verbrecherin vor, die das Kind misshandelt hat, die schädlich für das Kind ist und Klara kam mir oft wie eine Gefangene vor, die vor mir geschützt werden musste. Dabei wollten wir die ganze Zeit nur eines, nämlich zusammen Zeit verbringen. So viele Monate hat es gedauert, bis ich am Ziel war.

Ich habe das auch niedergeschrieben, um vielleicht anderen Pflegeeltern, denen es ähnlich geht, Mut zu machen. traut euch, wehrt euch. Es wird viel von einem abverlangt und man muss stark sein. Woher ich manchmal die Stärke hatte, ist mir ein Rätsel, aber ich habe es geschafft. Ich hatte Klara versprochen, dass ich immer für sie da sein werde. Das zerreißt mich noch heute, dass ich mein Versprechen nicht einhalten konnte. Mittlerweile versteht sie es, dass ich nicht mehr tun kann als das, was gerade möglich ist. Deshalb war es mir auch so wichtig, dass ich vor Gericht gehe, um ihr zu zeigen, dass ich alles versuchen werde, damit wir uns sehen können. Als sie zu uns kam, habe ich sie in mein Herz geschlossen. Sie wird immer darin sein, genau wie die Menschen, die ich liebe. Was ihre Pubertät bringt, das werden wir sehen. Vielleicht sagt sie eines Tages, dass sie mich nicht mehr sehen möchte. Noch sagt sie, dass sie zu mir kommt, wenn sie volljährig ist. Nach wie vor bin ich traurig darüber, wie alles gekommen ist. Ich hätte sie wirklich gerne wieder bei mir gehabt. Ich hoffe, dass ich irgendwann meinen inneren Frieden wiederfinden und für Klara wünsche ich mir, dass sie zufrieden ist mit der Situation, ich möchte so gerne, dass es ihr gut geht. Jetzt bin ich schon glücklich, dass ich den Weg gegangen bin und wirklich das erreicht habe, was Klara und mir von Anfang an versprochen wurde. Heute habe ich auch erfahren, dass Klara in der neuen Klinik auf ein Medikament eingestellt wird. Das hat mich traurig gemacht, aber ich hatte schon länger damit gerechnet. Vielleicht hilft es ihr aber auch, dass sie besser in der Welt zurechtkommt. Ich bin sehr gespannt. Es macht mich traurig, zu sehen, wie sie sich verändert hat. Jetzt kann ich mit Sicherheit sagen, sie ist wirklich psychisch sehr krank, ist traumatisiert.

Auch Luisa ist zwiegespalten, sie hat etwas Sorge, ob es klappt, so wie es jetzt sein soll, eben weil Klara sich so verändert hat. Luisa habe ich erklärt, dass ich, wenn sie es gewesen wäre, ganz genau so gehandelt hätte, denn es war auch für sie nicht einfach und sie konnte vieles nicht verstehen. Ich freue mich für Klara, dass ihre Mutter wieder präsenter ist und dass sie sich langsam annähern. Das tut ihr sicher auch gut und es war ja die ganzen Jahre ihr Wunsch, die Mama zu sehen. Wir haben uns wirklich insgesamt ein ganzes Jahr nicht sehen dürfen, einmal 6 Monate, als sie in der ersten Klinik war bis zur Ankunft und Eingewöhnung in der Wohngruppe und dann noch einmal 6 Monate, als der Vater den Kontakt verbot und wegen Corona. Das ist schon hart. Ich darf nicht mehr darüber nachdenken, ob es ihr heute auch so ginge, wenn alles anders gekommen wäre, wenn ich nicht den Weg gegangen wäre. Das sind Fragen über Fragen, die mich auffressen, weil ich mir die Schuld daran gebe. Alles ist anders gekommen, jetzt heißt es damit umzugehen und zu leben. Ich bin dankbar, dass die Wohngruppe und die Mitarbeiterin vom ASD unsere Zusammenkünfte befürwortet haben. Auch meinem Anwalt und der Verfahrensbeiständin bin ich dankbar, dass sie mich gestärkt haben. Meiner Familie, meiner Schwester, meinen Freundinnen, die in den letzten Monaten wirklich viel mit mir aushalten mussten, dass sie mich bestärkt haben, weiter zu machen und den für mich ausgewählten Weg auch gehe. Ich war bestimmt sehr anstrengend und nervig, aber sie haben mich gehalten. Jetzt merke ich, wie die

Anspannung nachlässt, ich bin gelöster und kann auch wieder besser schlafen. Als ich mir Klara telefonierte, sagte sie, manchmal muss ich einfach weinen, weil ich mich so freue. So geht es mir auch. Wenn ich mir überlege, dass wir uns so freuen, dass wir uns alle 14 Tage sehen dürfen ...

Als das Schreiben vom Familiengericht kam, war ich so stolz, dass ich es geschafft habe. Klara wird sich durchs Leben beißen, davon bin ich überzeugt und ich hoffe, dass ich ihr irgendwie helfen kann, dass sie gut zurechtkommt. Es wird auf jeden Fall spannend.

Nachtrag

Heute war sie zum ersten Mal hier für drei Stunden. Sie hat gestrahlt, ist ins Haus gerannt und hat alles genau untersucht. Als Luisa kam, hat sie sie fest umarmt und heftig geweint. Sie hat mir gezeigt, wie man Betten richtig macht, hat mir das Gehirn aufgezeichnet und mit erklärt, wie es in ihrem Gehirn aussieht und was die Medikamente bewirken sollen. Sie ist absolut übertherapiert und überhaupt kein Kind mehr. Nach dem Besuch war ich erschüttert, was aus ihr geworden ist, ein Kind, das erwachsener ist als manch ein Erwachsener. Als sie ging, hat sie uns umarmt und gesagt, dass es ihr sehr gut gefallen hat und dass sie sich auf den nächsten Besuch freut. Als wie später telefonierten, meinte sie, dass sie es kaum erwarten kann. Luisa und ich hoffen, dass wir es schaffen, dass sie wieder gelöster sein kann. Das ist unser Wunsch für sie. Mittlerweile ist sie aus der Klinik entlassen worden und sie hat auch schon einmal hier übernachtet. Es war sehr schön. Man merkt, dass ihr die körperliche Zuwendung fehlt. Sie war die ganze Zeit an mir gehängt, hat mich gestreichelt, sich an mich gelehnt. Ich weiß, dass die Wohngruppe gut ist, aber das können die Mitarbeiter nicht leisten, die Kinder werden zwar gut behandelt, aber das Wesentliche fehlt. Ist wohl in jeder Gruppe so, weil es viele Mitarbeiter sind, ist ja oft ein Wechsel. Aber ich denke, sie hat sich daran gewöhnt.

Jetzt habe ich schon wieder angefangen zu philosophieren, was wäre, wenn ich sie gleich in die zweite Klinik gebracht hätte. Ich weiß, dass es nichts mehr bringt, es ist jetzt wie es ist, aber trotzdem muss ich darüber nachdenken. Irgendwann werde ich es bestimmt annehmen und akzeptieren ...